孙淑红 著

混合式学习设计

以初中英语语法学习为例

北方文艺出版社

哈尔滨

图书在版编目（CIP）数据

混合式学习设计：以初中英语语法学习为例 / 孙淑红
著 . — 哈尔滨 : 北方文艺出版社 , 2024.6
ISBN 978-7-5317-6216-4

Ⅰ . ①混⋯ Ⅱ . ①孙⋯ Ⅲ . ①英语—语法—教学研究
—初中 Ⅳ . ① G633.412

中国国家版本馆 CIP 数据核字 (2024) 第 092694 号

混合式学习设计：以初中英语语法学习为例

HUNHESHI XUEXI SHEJI : YI CHUZHONG YINGYU YUFA XUEXI WEILI

作　者 / 孙淑红

责任编辑 / 侯　烨　　　　　　　　　封面设计 / 明翙书业

出版发行 / 北方文艺出版社　　　　　　邮　编 / 150008
发行电话 / (0451) 86825533　　　　　经　销 / 新华书店
地　址 / 哈尔滨市南岗区宣庆小区 1 号楼　网　址 / www.bfwy.com

印　刷 / 三河市国新印装有限公司　　　开　本 / 880×1230　1/32
字　数 / 178 千字　　　　　　　　　　印　张 / 9.25
版　次 / 2024 年 10 月第 1 版　　　　　印　次 / 2024 年 10 月第 1 次印刷

书　号 / ISBN 978-7-5317-6216-4　　　定　价 / 68.00 元

前　言

2022年4月21日出台的《义务教育课程方案》中明确提出要推进信息技术与英语教学的深度融合：教师应重视教育信息化背景下英语课程教与学方式的变革，充分发挥现代信息技术对英语课程教与学的支持与服务功能；并能合理利用、创新使用数字技术和在线教学平台，开展线上线下融合教学，为满足学生个性化学习需要提供支撑，促进义务教育均衡发展。

线上线下相融合的混合式教学模式，以其学习时空的无限拓展，课堂由课内到课外的延伸，学生由共性走向个性的特点，激发了许多中小学教师的兴趣，但一番操作下来，收效甚微。这是因为线上自主学习中，虽然有微课、任务单等学习支架，但由于缺乏有效的监督和评价，对于自制力较差的中小学学生来说，效果很难保证；线下的教学活动还是采用传统模式，没有任何创新，也导致了混合式模式无法真正落到实处。在以初中生为学习主体的混合式教学中，如何保证线上和线下学习的有效性，尤其是保证线下自主学习的有效性？如何利用信息技术架起不同时空学习的桥梁，创设以学生为中心的教学环境，促进学生的个性发展，培养学生的自主学习能力和信息素养？本书从以上问题出发，探索线上线下相结合的最佳模式，开展符合时代需求的教学形式，旨在促进学生的个性化学习，提高学习效率。

信息技术给我们带来了机遇和挑战，如何让线上线下的融合教学真正落到实处，满足时代发展的需要，教师需要不断学习，提高自己的专业素养，不断在实践中探索。时代的发展日新月异，而我们唯一能做的只有奔跑，不停地奔跑。就像《爱丽丝漫游奇境》里红桃皇后说过一句让人很费解的话："Now, here, you see, it takes all the running you can do, to keep in the same place. If you want to get somewhere else, you must run at least twice as fast as that!."（我们必须全力奔跑，才能留在原地。如果你想去到别的地方，那你就要付出比现在至少多出两倍的努力。）这不是童话，这是现实。

由于编者水平有限，书中难免存在不足之处，恳请广大读者批评指正。

孙淑红

2023年7月

目 录
CONTENTS

第一部分
走进混合式学习

第二部分
混合式教学设计

第三部分
混合式教学支持

第一部分

走进混合式学习

第一章

走进混合式学习

第一节　混合式学习

一、混合式学习的时代背景

早在20世纪90年代，随着网络通信技术的发展，美国就提出数字化学习（E-learning）。随着其诸多缺点的暴露，研究者渐渐认识到用它完全取代传统的课堂教学不太现实，于是提出了"混合式教学（Blended learning）"的概念。edX是由哈佛大学（Harvard）和麻省理工学院（MIT）联合发起的全球大规模在线开放课程（MOOC）平台，其创始人阿南特·阿加瓦尔曾与加利福尼亚州的圣何塞州立大学合作，对一门较难课程《电路与电子技术》进行试验研究，研究发现，实施混合式学习模式的学生的通过率达到了91%，而实施传统学习模式的通过率为59%。

近年来，国内对混合式教学的研究也越来越多。何克抗（2012）认为"B-learning就是要把传统学习方式的优势和E-learning的优势结合起来。也就是说既要发挥教师引导、监控教学过程的主导作用，又要充分体现学生作为学习过程主体的主动性与创造性。"黎加厚（2015）称之为"互联网+教学"模式，提出这种教学模式可以有效解决传统课堂教学的三大难题：解决传统课堂教学中学生的差异性较大的问题；解决教师重复劳动、成就感低的问题；解决应试教育+素质教育共存，实现学生全面发展的问题。

人工智能时代，信息技术的发展创造了跨时空的学习环境，教师的角色正在发生变化。荀渊（2019）指出："人工智能时代，传统的由教师、学生、课程构成的三维结构将转变为学生、数字化学习环境、数字化学习资源和教学支持服务的四维结构。教师将成为基于数字化环境、数字化学习资源的学习活动的支持者与服务者。"信息化时代背景下，传统的教学方式受到前所未有的挑战，信息技术支持下的学生的学习方式也必将发生转变。

二、翻转课堂、微课程学习和混合式学习

（一）翻转课堂

自从2011年可汗学院的创始人萨尔曼·可汗在TED做了《用视频再造教育》的精彩演讲之后，有关"翻转课堂"的各种模式及其反响的译文，源源不断地出现在教育类网站和报刊上。

翻转课堂模式是一种以学生为中心的教学模式。在传统教学中，学习知识主要在课堂，完成作业主要在课外。翻转课堂颠倒了学习知识、完成作业原有的时空排序，学习知识主要在课外，完成作业、拓展能力主要在课堂。

（二）微课程教学法

微课程教学法的创始人是苏州市电化教育馆原馆长金陵教授。金陵教授在他的《新体系微课程教学法》中对微课程教学法下的定义是："微课程教学法翻转课堂本土创新的理论和方法；是云计算和移动互联环境下，以宏观课程微观组织、三大模块、参与式学习

为主要特征的教学方法。"微课程教学法的定义揭示了微课程教学法的三个特征：

第一个特征：宏观课程微观组织

金陵教授认为微课程教学法是一个微型的教学系统，具有"课程设计、课程开发、课程实施、课程评价"的课程论的四大范畴的性质，是关于微课程的设计、开发、实施和评价的最优化组合的教学系统，所以说"微课程教学法"是宏观意义上的"课程"。但同时，微课程教学法的研究对象就是单位课时教学活动，把课程的"设计、开发、实施和评价"四大范畴凝聚到一个课时当中来，所以说它是课程的"微观组织"。

第二个特征：三大模块

微课程教学法由三个模块组成：自主学习任务单模块，是用于指导学生课前自主学习的支架；微课为主的学习资源模块，是学生进行课前自主学习，顺利完成自主任务单上的学习任务的保证；第三个模块是课上教师在学生课前学习的基础上，改变传统的知识的讲授，对学生课前学习的知识进行内化，对学生的能力进行拓展，发展学生的核心素养，是教学方式的创新应用。

第三个特征：参与式学习

通过课前自主任务单的引领，学生对微课等资源的自主学习，到课上学生在教师的指导下对知识的内化和拓展应用，学生真正成了学习的主体。他们不再是被动的接受知识的受众，而是成为主动求索的探究者。

（三）混合式学习

本书中提到的混合式学习探索，基于翻转课堂和微课程教学法中关于英语语法教学的线上和线下相结合的最优学习方式。2022年6月，鲁东大学教师教育学院苏勇教授在宝鸡基础教育混合式研究中心成立大会上致辞，他从多方联动的角度对BLENDED进行了分解，认为研究中心的成立能架起多方交流互动桥梁（B=Bridge for Interaction），通过创设学习中心环境（L=Learning-centered Environment）开发探索教改模式（E=Exploitation and Exploration），开展需求导向研究（N=Needs-based Research）促进差异个性学习（D=Differentiation and Personalization），从而提升学习效益和效果（E=Efficiency and Effectiveness），而这一切要靠打造数字学习平台（D=Digital Learning Platform）来实现。借用苏勇教授的解析，我们认为，混合式学习是利用信息技术架起不同时空学习的桥梁，创设以学生为中心的教学环境，探索线上线下相结合的最佳模式，开展符合时代需求的教学形式；通过开发数字化的教学资源和借助数字化的教学平台，促进学生的个性化学习，提升学习效果。

延安大学曹殿波概括其内涵为："以深度学习为教学目标，以个性化适应的教学时空创造为基本途径，以丰富的线上教学资源为基础，以多样的线下学习活动为拓展载体，以质和量结合的评估为决策手段的一种新型的信息化教学模式。"

简单来说，混合式学习是指采用"线上自学"+"线下面对面的学习"的模式进行学习。线上学习的过程是学生通过教师提供的微课和练习、文本等资源理解新知识，进行自主学习的过程。线下学习的过程是学生在教师的指导下，进行合作探究的过程。混合式学习的本质是在教师的指导下，学生通过线上线下相结合的方式开展学习。混合式学习的课堂更多关注学生的学习过程和结果反馈，重点是强调课前学生有效的"自主学习"、课中的互动交流和课后的能力提升。

三、混合式学习的理论和实践基础

（一）掌握学习理论

掌握学习理论是20世纪60年代由本杰明·布鲁姆首先提出的。布鲁姆的研究是在卡罗尔早期研究的基础上进行的。卡罗尔认为，学习程度的高低是由学生所花费的时间与学习所需要的时间之比决定的。布鲁姆认为只要提供最佳的教学条件，足够的学习时间，及时的关注和指导和矫正，90%以上的学生都会掌握学习任务，获得良好成绩。

基于影响学业成就的因素研究，布鲁姆发现，个别教学是最理想的教学形式，但是由于现实条件的限制，不可能对学生实行一对一的辅导。为了解决这个问题，他希望能够找到一种与个别教学法等效的群体教学方法，也就是掌握教学法。

布鲁姆的实验分三组进行，每组都有30名学生。第一组是对照组，由1名教师和这些学生组成一个班级，采用传统群体教学法，教学的过程中进行阶段测验，给学生打分并划分等级。第二组是实验组1，学生和老师的构成和对照组一样，采用掌握学习法进行教学，也进行阶段测试，但是目的是反馈和矫正，矫正之后再进行一次测试，以确定学生的掌握程度。第三组是实验组2，采用个别教学法，每名学生都有教师进行一对一的辅导，与掌握学习类似，然而个别教学不需要太多的矫正工作。实验结果是采用个别教学法的实验组2，学生的平均分超过采用传统教学法的对照组98%的学生，而实验组1，采用掌握学习法的学生的平均分也能够超过对照组84%的学生。因此，布鲁姆总结，掌握教学法即便在群体学习中，也效果显著。

通过实验研究，布鲁姆得出影响学习成绩的三个因素，分别是前期知识准备、情感动机，以及反馈与矫正。学生具备必要的认知结构是掌握学习的前提，布鲁姆认为，"学生具备从事每一个新的学习任务所需的认知条件越充分，他们对该学科的学习就越积极"。学生原有的认知结构决定着对新的知识的理解和接纳，对学习结果及其以后的学习都有重大的影响；学生积极的情感特征是"掌握学习"的内在因素，那些具有较强学习动机、对学习有兴趣、能积极主动学习的学生，会比那些没有兴趣、不愿学习的学生学得更快更好；反馈—矫正性系统是"掌握学习"的核心，布鲁姆认为，"掌握学习法的实质是群体教学，并辅之以每个学生所需的频繁的反馈与个别的矫正性的帮助"。教学过程的每个步骤都必须通过评价来判断其有效性，并对教学教程中出现的问题进行反馈和调整，从而保证每一个学生都能得到他所需要的特殊帮助。

掌握学习法的提出揭示了传统教学存在的两个弊端：第一个弊端是在传统课堂中，教师统一授课，不能让学生按照自己的时间和节奏进行学习，必须统一群体学习进度，致使部分同学在不知不觉中慢慢掉队；第二个弊端是传统课堂中，教师关注群体目标的达成，个别化的辅导和矫正较少，导致部分学生的学习效果大打折扣。

　　金陵教授用他的"填沟理论"，形象生动地介绍了所谓的"学困生"产生的原因。金陵教授指出不同的学生掌握同样的学习材料，需要的时间是不一样的，也就是不同的学生用不同的时间才能达成相同的目标。学生总是在原有基础上开始学习新的内容，在"旧知"和"新知"之间存在一个知识的鸿沟，学生要想顺利掌握"新知"，就需要把鸿沟填满（图1）。

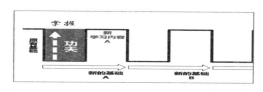

图1

　　但是不同的学生"填沟"所花费的时间是不同的。那些"力气"小的的学生"填沟"的时间比"力气"大的学生"填沟"的时间肯定要长，但是为了赶上教学进度，教师不可能等着每个学生都把"鸿沟"填满才继续授课。老师不会停止授课，部分学生就更难有足够的时间来"填沟"，困惑也就越来越多，"学困生"就产生了（图2）。

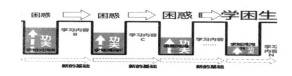

图2

　　上述分析表明，能否保证学生个体有自己所需要的学习时间，决定着其学习能否达到预期目标。

信息技术在教学中的使用，使得掌握学习法得以真正实现。混合式学习中，课前学生在任务单的引领下进行线上微课学习，保证了学习时间，他们可以根据自己的学习节奏把握学习进度，可以暂停播放视频进行思考，可以倒回去重新播放没有理解的内容，直到掌握所学的知识。线下的课堂活动中，学生讨论收获和疑惑，和同伴进行练习后，参加检测和探究活动。在线上线下的学习中，教师和同伴根据线上数据和课堂表现，为每个学生提供所需的频繁的反馈和个别化的矫正性帮助，帮助学生矫正错误，达成学习目标。

（二）以学生为中心的理论

以学生为中心的理论，源于美国儿童心理学家和教育家杜威的"以儿童为中心"的观念。杜威极力反对在教学中采用以教师为中心的做法，主张解放儿童的思维，以儿童为中心组织教学，发挥儿童作为学习主体的主观能动作用，提倡"做中学"。1976年，联合国教科文组织出版的研究报告《教与学：高等教育新方法和新资源导引》中明确提出，要用以学生为中心的教学模式取代传统教学模式。1980年出版的《中学后教育方法和技术汇编》中认为，新媒体教学法如电视教学、计算机辅助教学等，对促进学生主动学习与自主学习有重大意义。美国国家教育研究所1984年撰写的报告《投入学习》中建议，鼓励学生对自己的学习和发展负责；教师要改变传统教学模式，激励学生投入学习。从1990年起，以学生为中心的改革在高校中蓬勃展开，教师们在实践中创造出了大量新的教学法，如案例教学法、项目教学法、问题教学法、合作学习、学习共同体、同伴教学法、同伴思考分享法、小组学习法等。

华中科技大学的赵炬明教授给出了以学生为中心的学习的三

个基本特征：以学生发展为中心，以学生学习为中心，以学习效果为中心。以学生发展为中心是指以学生当前的状态为基础，发掘学生的潜力，促进每个学生的全面发展。以学生学习为中心，是指在学生的所有活动中，学习是中心，教育的目的是"学"，而不是"教"。以学习效果为中心，即强调关注学习效果，重视测量与反馈在学习中的作用。欧亚学院的戚世梁教授团队在他们的慕课《玩转以学生为中心的教学》中，对以学生为中心的课程建设、教学设计、教学实施和教学评价等进行了深入的研究和介绍。华东师范大学顾小清教授团队的慕课《以学生为中心的学习环境设计》，总结了以学生为中心的学习的四方面特征：以学生为中心的学习要围绕一中心，即以学生的学习为中心；力求两个最大化，即学习内容的教育价值最大化和学生的学习热情最大化；紧扣三要素，即自主、合作、探究；落实三环节，即课内学习，讨论展示，师生、生生互动。

混合式学习中，信息技术创造了跨时空的工作方式和学习方式，使学习超越了传统的教育、传统的课程与教学模式，具有开放性、合作性和灵活性等特点。它打破了时空的限制，实现了资源共享；让师生、生生之间除了课堂上的交流，能随时随地利用网络等工具进行评价和反馈，方便又快捷；学生更灵活地运用和支配自己的学习时间和空间。信息技术为学生自主学习提供了很大的空间，线上充分的自主学习又为线下的合作、探究学习的有效发生准备了充分的条件。信息技术的使用，为实现从以教师为中心的知识灌输型教学模式转向以学生为中心的混合式学习，提供了服务和支持。

总之，以学生为中心是一种指导教学实践的教育理念。教育应在顺应学生天性的基础上，通过一些方法和措施来激发学生的学习热情，发展学习兴趣，发挥学习主动性，挖掘他们内在的学习潜力，把促进和支持学生的全面发展作为目标。

（三）线上学习调查

近几年，从线上回归课堂后，学生的两极分化显著加剧，部分自控力差的孩子学习态度和学习成绩一落千丈。如何培养学生的自主学习能力，调动学生的积极性，让他们为自己的学习负责，为自己的发展、为国家的未来负责，成为学习的主人？这必将成为我们未来教学应该考虑的一个出发点。

而要调动学生学习的积极性，我们必须听一听孩子们的意见，考虑他们有什么需求，这样才能对症下药，有的放矢。为了了解学生们的真实需求，我们对我们所处的地区的孩子进行了网络调查，一天内，共收到3419 份有效答卷，虽然由于设计上的不完美，有些地方不尽人意，但是从调查结果还是能看出一些问题：

1.对于上课的老师和方式，66.89%的学生更喜欢自己的教师授课，对名师授课并不是很感兴趣（图3）。除此之外，学生更喜欢跟着老师的节奏进行直播教学，所占比例为59.73%。同时需要注意的是，对于微课，有33.2%的同学喜欢，这也是一个不容忽视的数字（图4）。

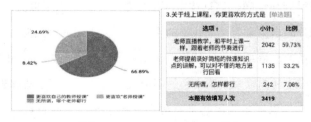

图3　　　　　　　　图4

2.与单纯的线上或线下学习方式相比，高达68.12%的学生选择喜欢线上与线下相结合的方式（图5）。对于线上学习，你所认为的优点什么？对于这个问题的回答（多选题）：排在前两位的优点是可以看回放，随时截图，方便记录和独立学习；可以自主选择学习的节奏（图6）。

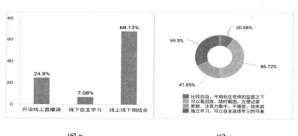

图5　　　　　　　　　　图6

3.对于喜欢直播上课的老师的特点这个多选题，学生更喜欢风趣幽默、课堂充满趣味性的老师，同时学生们也更希望教师能多进行小组讨论等互动（图7）。对于自己最喜欢的互动方式，40.57%的学生选择在线小组或同伴进行讨论的方式（图8）。

引入更多有趣的案例，让课堂更有趣	3011	88.07%
露脸，让大家感到更加真实	960	28.08%
多进行小组讨论等互动环节	2568	75.11%
多提问，多点到自己	932	27.26%
本题有效填写人次	3419	

随时向老师提问 23.34%
老师指定学生回答问题 19.39%
在线小组或同伴间进行讨论 40.57%
直播课后向老师问学求助 16.7%

图7　　　　　　　　　　图8

4.对于疑难点的解答，56.1%的学生选择经过同学讨论后，不会的地方，老师再统一解答（图9）。在选择更喜欢的授课流程时，66.83%的同学选择了教师讲解+独立学习+小组讨论+教师答疑的流程。只有教师讲解，没有任何互动方式的学习流程是学生最不喜欢的（图10）。

| | 图9 | 图10 |

选项 ≑	小计≑	比例
教师讲解	1125	32.9%
教师讲解+提问+教师答疑	1682	49.2%
教师讲解+独立学习+教师答疑	1617	47.29%
教师讲解+独立学习+小组讨论+教师答疑	2285	66.83%
独立学习+同学互助+教师答疑	1607	47%
本题有效填写人次	3419	

5.对于线上学习，学生最不满的两个地方是一天到晚看电脑、手机，眼睛受不了，以及没有自主安排的权利（图11）。学习效果方面，53.35%的学生认为效果很好，但是也有41.24%的学生认为效果一般，5.41%的学生认为效果很差（图12）。

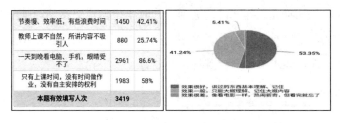

| | 图11 | 图12 |

节奏慢、效率低，有些浪费时间	1450	42.41%
教师上课不自然，所讲内容不吸引人	880	25.74%
一天到晚看电脑、手机，眼睛受不了	2961	86.6%
只有上课时间，没有时间做作业，没有自主安排的权利	1983	58%
本题有效填写人次	3419	

6.对于从最能促进学习到最不能促进学习的互动方式进行排序，其中，在线答疑、打卡督学、在线讨论排在前列，得分分别为5.05分、4.21分和4.03分；作业批改、教师评价和同伴互评的得分分别为3.7分、3.23分和3.02分；而在线考试的得分最低，仅为2.76分（图13）。

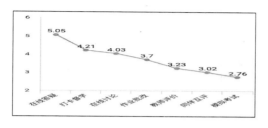

图13

通过调查结果可以看出，学生学习效果不好的原因无外乎自控力差，缺乏来自家长、老师和同伴的有效监督，教师讲课内容枯燥，课堂缺乏互动，学生不能自主安排学习的节奏，等等。学生喜欢跟着老师的节奏进行学习的同时，也喜欢能自主安排学习时间，这两者并不是矛盾的。鉴于一般初中生的自控力较差，我们考虑在教师把握教学进度的前提下，给学生自主安排学习的权利；学生最喜欢的互动方式为小组讨论，我们考虑在课堂上多给学生讨论的时间，让他们先去解决问题，解决不了的问题，教师再统一解答；对于学生喜欢线上线下结合的学习方式，我们考虑课下设计学习任务单，引领学生进行线上学习，教师讲课时间缩短，学生互动时间延长，以解决学生总是盯着屏幕看，眼睛疲劳等问题。

信息技术时代的发展和学生自身的需求都向我们提出了一个问题：如何在当前的时代背景下开展以学生为中心的教学？这是现在和以后必须思考的一个问题。我们希望通过信息技术支持下的混合式学习，实现从"以教师为中心"的教学到"以学生为中心"的教学的真正转变，培养终身学习者，以适应现代社会发展的需要，为学生全面发展和终身发展奠定基础。

第二节　教师的 TPACK 能力

一、什么是 TPACK

信息技术的发展日新月异，一日千里，重塑了我们的工作、生活和学习方式。从早期的计算机辅助教学到多媒体计算机辅助教学，到网络教学，再到近年来的翻转课堂、微课程学习、混合式学习等，教育信息化一直在高速发展。作为信息时代的教师，我们要与时俱进，紧跟信息技术发展的步伐。信息化的背景下的教师应该具备什么样的教学能力呢？TPACK框架模型是有效的指导。

TPACK是Technological Pedagogical And Content Knowledge的缩写，即整合技术的学科教学知识，是教师进行有效信息化教学需要具备的知识和能力。TPACK模型是美国学者科勒和米什拉于2005年在舒尔曼提出的学科教学知识PCK的基础上提出的。全美教师教育学院协会AACTE在《整合技术的学科教学知识：教育者手册》中推出了这一模型，TPACK可以有效指导教师信息技术与学科融合能力的发展。教师的TPACK能力是其进行信息化教学必备的能力。

下面我们来简单了解一下TPACK模型，先来看什么是PCK。首先，作为教师，需要具备某一学科的内容知识（Content Knowledge），这个很好理解，比如英语教师要具备英语学科的内容知识，数学教师要具备数学学科的内容知识。其次，教师还要具备教学法知识（Pedagogical Knowledge），也就是教师应具备教育教学专业能力，比如语言表达能力、教学设计能力、课堂管理能力、教学反思评价能力、对学生进行教育的能力，以及自我发展的学习和教研能力等，这些都是一名教师必须具备的一般的教学法知识。为了实现某一学科的有效教学，教师要把一般教学法知识和具体的学科相融合，根据该学科的特点进行有效的教学。

过去，教师具备PCK的能力就可以了。而信息技术创造了跨时空的学习环境，传统的由教师、学生、课程内容构成的三维结构，转变为学生、网络学习环境、网络学习资源和技术支持服务的四维结构。技术及技术创造出的资源逐渐应用到教育教学过程中来，在这种时代背景下，教师应该具备一定的技术知识（Technological Knowledge），还要具备把技术知识和学科知识整合的能力，即整合技术的学科内容知识（Technological and Content Knowledge）和整合技术的教学法知识（Technological Pedagogical Knowledge）。三种知识融合就是教师要具备的整合技术的学科教学知识，也就是TPACK（Technological Pedagogical And Content Knowledge）的能力。这种整合需要基于具体的教学环境，学生的学习目标、学习态度，教学资源和技术支持，以及教师专业能力的发展水平等因素。

以TPACK 模型为指导进行的混合式教学，对于整合技术的教学内容（Technological Content Knowledge）来说，是基于技术对教学内容进行重新建构，我们需要考虑哪些内容和哪些教学目标可以通过技术手段来呈现，通过什么样的技术手段呈现更能激发学生的学习动机和兴趣。整合技术的教学法知识（Technological

Pedagogical Knowledge），需要基于技术，对教学的方式方法和教学的流程进行重新建构。我们需要考虑的是，有哪些内容学生可以通过自学就能学会，需要提供什么技术支持和监督；有哪些内容需要合作探究才能完成，需要不需要技术支持，需要什么样的技术支持；对于线上线下的学习过程和结果的评价，有哪些可以靠技术手段来实现，等等。通过整合技术，教学方式和过程可以更有效地服务于学生的学习。混合式教学的最终目标就是实现整合技术的学科教学（Technological Pedagogical Content Knowledge），即以信息技术作为教学手段，采用有效的教学方式方法和教学过程，实现针对教学内容的有效和高效教学。

二、教师 TPACK 能力的发展依据

通过前面的解析，我们知道教师的 TPACK 能力就是指教师基于信息技术对学科教学进行整合、创新与实践的能力。这些能力具体是指什么样的能力呢？教师怎样去构建和发展这些能力呢？我们可以从国家教育部门最近几年先后印发的三个通知中找到答案。

第一个通知是教育部办公厅在2014年5月下发的"教育部办公厅关于印发《中小学教师信息技术应用能力标准（试行）》的通知"。

该通知中下发了教育部研究制定的《中小学教师信息技术应用能力标准（试行）》，根据我国中小学信息技术实际条件的不同、师生信息技术应用情境的差异，对教师在教育教学和专业发展中应用信息技术提出了基本要求和发展性要求。基本要求是指教师要应用信息技术优化课堂教学，利用信息技术进行讲解、启发、示

范、指导、评价等教学活动；发展性要求则是指教师要应用信息技术转变学生的学习方式。在学生具备网络学习环境或相应设备的条件下，教师要利用信息技术支持学生开展自主、合作、探究等学习活动。《中小学教师信息技术应用能力标准（试行）》在技术素养、计划与准备、组织与管理、评估与诊断、学习与发展五个维度，对基本要求和发展性要求分别提出了不同或者相同的能力标准。

2021年8月，教育部教师工作司下发了"教育部教师工作司关于印发《全国中小学教师信息技术应用能力提升工程2.0校本应用考核指南》的通知"，通知附件中明确提出了中小学教师信息化教育教学能力的发展框架。框架中，把信息技术应用环境分成多媒体教学环境、混合式教学环境和智慧学习环境，并从学情分析、教学设计、学法指导、学业评价四个维度提出了每种环境下教师应该具备的信息化教育教学能力。例如框架中提到的混合学习环境下教师教育与教学能力包括：技术支持的测验与练习的能力，微课程设计与制作的能力，探究型学习活动设计的能力，技术支持的发现与解决问题的能力，学习小组组织与管理的能力，技术支持的展示交流的能力，家校交流与合作的能力，公平管理技术资源的能力，自评与互评活动的组织的能力，以及运用档案袋进行评价的能力，共计10项能力要求。通知明确提出，中小学教师信息化教育教学能力发展框架依据《中小学教师信息技术应用能力标准（试用）》，结合信息技术教学应用的最新发展研制，包括利用信息技术进行学情分析、教学设计、学法指导和学业评价等30项微能力，分别适用于多媒体教学环境、混合学习环境、智慧学习环境。

2021年9月1日，全国中小学教师信息技术应用能力提升工程执行办公室，下发了"中小学教师信息技术应用能力提升工程执行办公室关于印发《中小学教师信息化教育教学微能力诊断指引》（以下简称《指引》）的通知"。其主要依据为《中小学教师信息技术应用能力标准（试用）》，用于指导各地开展教师信息化教育教学能力的诊断与评估，推动教师信息技术应用能力的提升。对每一项微能力，《指引》都从实践问题、能力描述和实践任务三个方面给出了详细具体的诊断要点。

《指引》还指出，各地可依据实践任务要求设定诊断和评估依据，例如教学设计、实施计划、课堂实录片段、教学资源、案例描述、教学反思、学生体会等，每项微能力的诊断依据以2—3项为宜。每项微能力的考核结果可分为优秀、合格和不合格三个等级，各地可根据需求自行设计相应的诊断指标，帮助教师更准确地了解个人能力发展水平、明确自身不足，推动教师信息技术应用能力的提升。

信息技术时代的教师要深刻领会通知精神，结合自己所处的教育环境，以三个通知中的具体要求作为自身专业发展和成长的重要依据。我们要主动适应信息化社会的发展，充分利用各种学习机会，更新观念、补充知识、提升技能，不断增强信息技术应用能力。要养成良好的应用习惯，积极反思，勇于探索，将信息技术融于教育教学的各个环节，转变教育教学方式，促进学生有效学习和个性化发展。

三、教师 TPACK 能力的反思

教师具备整合技术的学科教学能力，可以有效促进学生的学习，那么该如何反思技术的使用效果呢？实际上，教师可以利用

SAMR模型进行反思。SAMR模型由鲁本·普特杜拉博士提出，旨在指导教师将技术整合运用到自己的教学中。SAMR模型由4个步骤组成：替代（Substitution），增强（Augmentation），修改（Modification），重塑（Redefinition）。

第一步，替代。

在第一步中，技术是直接替代物，对学习内容没有任何功能性改变。例如，对于某一知识点的教学，我们可以给学生下发纸质材料，也可以利用PPT展示，给学生统一讲解。在这种情况下，任务是相同的，技术的使用并没有使材料发生任何实质性变化，技术只是被当作一种替代物。

第二步，增强。

在这一层次上，技术可以对学习内容进行改进。例如，我们可以使用PPT的各种功能对学习内容进行图示、动画设计等。这时，学习内容仍旧是相同的，但是技术的使用带来了功能上的改进。

第三步，修改。

在这一步骤中，技术可以对学习任务进行重新设计。我们可以在网络上寻找图片、视频、文章链接等，对学习内容进行详细的解读，促进学生进行深层次的思考。

第四步，重塑。

最后一步，即技术整合的最终目标——"重塑"。在这一层次，技术可以用来创造前所未有的新任务。除了在课堂上利用多种手段展示学习内容外，我们可以利用技术创作并发布微课，来对知识进行讲解，学生通过平台提交题目答案。在这种情况下，学习内容的本质没有变化，但是技术使学习内容得以重塑。

在替代和加强环节，技术的作用是用来加强学习，可能会使学生高效完成学习任务，但对于最终的学习效果的影响十分有限。而在修改和重塑阶段，学生学习任务的完成得益于技术的使用，学习效果将会得到大幅度改善。

SAMR模型的使用能促进教师对技术融入教学做出反思：我们做了什么？为什么要这么做？对学生的学习有没有效果？通过思考每一个步骤，我们来体验信息技术支持下的教学设计，达到最终改善学习效果的目的。

总之，信息技术时代，教师要与时俱进，积极主动地利用技术提高自己的教学能力。正如南宁师范大学的郑小军、杨上影教授所说，教师要适应自己在信息技术时代的新角色：教师要做信息化教学的设计者，运用系统的方法，以学生为中心，合理恰当地利用信息技术和信息资源，科学安排教学环节，实现教学过程的最优化；教师要做数字化学习资源的开发者，要依据信息化教学设计，获取和制作网络教学资源，促进资源共享；教师要做信息化教学的评价者，应用评价量规、电子档案袋、在线测验和评价系统等对学生的学习过程和学习结果进行评价；教师要做信息化教学的研究者，研究如何合理运用信息化教学相关理论、技术方法、环境资源等提升自身的信息化教育教学能力；教师要做网络化的示范者，要想指导学生通过网络进行学习，教师首先自己要通过网络进行学习，充分利用网络的各种教研、研讨培训、慕课等进行碎片化的学习，并把学到的知识用于自己的日常教学，努力成为学生的榜样；教师要做个人知识的管理高手，在知识的发现、获取、保存、传播、转化应用方面下功夫，最终实现共享，催进某一区域教师的协同发展。

当然，教师要考虑的不仅仅是自己"怎么教"的问题，还有学生"怎么学"问题。也就是说，教师要考虑怎样利用现代化的教育技术手段为自己的"教"助力，为学生的"学"提供支持和服务。教师在教学理念上要实现从"教为中心"到"教学并重"的转变。信息化时代背景下，要想达到"教学并重"，需要满足以下条件：

学生要对自己的学习负责，要具备运用信息化技术手段进行学习的意识和能力，成为主动和自觉的学习者，并且能够按照自己的方式安排学习内容、方式、节奏和过程等。

教师要具备信息化教学的意识和能力，进行网络化学习的示范。教师应基于学生的学习特点和学习要求，设计信息化教学方式和方法，合理利用已有在线资源，并能够有针对性地开发数字化教学资源，运用信息技术对教学内容进行重新安排，重整教学结构和教学流程，为学生的终身学习打下基础。

在教学评价方面，教师要随时关注学生的学习，更多地运用技术支持的形成性评价手段，评价学生学习的效果，通过及时反馈，使学生可以根据评价结果及时调整自己的学习。

第三节　语法教和学的现状

英语语法知识包括词法知识和句法知识，与语音、词汇、语篇和语用共同构成英语语言知识。语法知识是英语基础知识的重要内容。正确运用语法知识，对理解语言，以及准确得体地表达，具有重要的意义。

从20世纪90年代开始，我们国家大力推广交际语言教学法，它强调语言交流的流畅性，所以有人就认为在交际语言教学法中语法不重要。有人还从母语习得的观点出发，认为儿童不用学习语法就能掌握母语，从而断定学习英语也不需要学习语法，而只需不断地模仿和操练。在这种思想的影响下，语法教学长期以来处于被忽视的地位。老师们对语法教学总是遮遮掩掩，对语法教学下的功夫再大，也不敢拿到台面上来讲，好像一提语法教学就是不会英语教学的思想落后分子，更不要提对语法教学的集体备课和集体教研了。这样造成了教师语法水平和语法教学水平的参差不齐，致使许多学生掌握不了英语中的基本句型，不知道单词的词性的意义，不知道句子的基本成分；甚至有的学生到了九年级还不能写出一个完整的句子。更糟糕的是，语法知识的欠缺使他们在英语学习中感觉到困难重重、举步维艰，从而丧失了对英语学习的兴趣。我们身边有很多这样的学生：语文、数学成绩优秀，英语成绩却差得一塌糊涂，英语成绩极大地阻碍了这些学生的发展，令人痛心不已。

一、语法学习现状分析

在某地一份关于"你认为英语学习中语音、词汇、语法哪一种比较难"的调查中，500名学生里有53.63%认为英语学习中语法是最难的，从语音、词汇到语法本身是一个由易到难的学习过程，但是这个比例还是应该引起我们的反思（图1）。

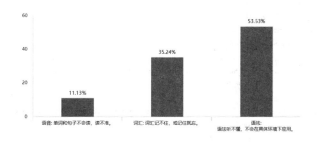

图1

如果上面的调查还不足以说明问题，我们再来看一下某地关于语法知识综合填空的检测结果。

B

阅读下面的短文，根据短文内容，从方框内所给 11 个动词中选择 10 个意义相符的词，必要时进行词形变化 (可添加助动词或者情态动词)，填入空白处。

move, get, make, have, snow(v.), park, not know, leave, think, hurry, sit

Where does my car go?

One winter morning, the wind was blowing strongly. While Bob and his wife (61) _____ breakfast, they heard the announcer (广播员) say, "Attention, please! It (62) _____ in a few hours. You must park your cars on the north side of the street so that the snowplow (铲雪车) can (63) _____ through on the south side."

Hearing this, Bob's wife shouted, "Bob, (64) _____ up. We'd better move our car in a short time."

A week later it was at breakfast again, the radio announcer said, "We are expecting a heavy snow today. Your cars must (65) _____ on the south side of the street so the snowplow can get through on the other side."

Bob's wife went out and (66) _____ her car again.

The next week, it was also time for breakfast, the radio announcer said, "A heavy snow is on its way. You must park…" The power went out.

Bob's wife was thought and though in the chair. Then she said, "Bob, I (67) _____ about a difficult problem now. Which side of the street do I need to park on so the snowplow can get through? However, I (68) _____ what to do. " Bob said with a smile on his face, "Well, you (69) _____ there for a whole morning to think about it . But I think it's not difficult. I advise you (70) _____ it in the garage (车库). You needn't move it." "Haha… Yes. That's a good idea. I'll leave it there. " Bob's wife laughed.

From the story, we can learn that we should do everything according to our own actual (实际的) situation, not just follow others' advice.

上面是某地的中考考试题，动词填空题，要求学生根据语境选择所给词的适当形式填空，考查学生的阅读理解能力和对语言知识的综合运用能力。这篇阅读材料讲述了鲍勃和他的太太在下雪天，为了使铲雪车顺利通过，不停地根据广播把车子停在街道的南边或北边，最后把车子停到车库里，避免挪来挪去，一劳永逸的故事。故事内容非常有趣，浅显易懂。（61）were having，考查while引导的从句常常采用（过去）进行时；（62）will snow，在直接引语语境中考查将来时；（63）get（through），考查固定搭配，由情态动词can可知，get用原形；（64）hurry，考查祈使句和固定搭配（hurry up）；（65）be parked，考查被动语态；（66）moved，考查一般过去时；（67）am thinking，考查现在进行时；（68）don't know，考查一般现在时；（69）have sat，考查现在完成时；（70）to leave，考查非谓语动词。通过上面的分析，我们可以看出，所有的考点都是初中阶段必须掌握的基本的语法知识，学生的答题结果见图2。

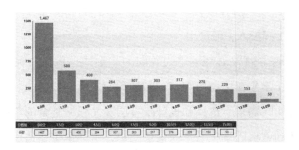

图2

有4449人参加了这次考试，这道题满分15分，平均分不到5分，只有50人得了满分；及格（九分）以上的为1027人，占23.08%；1467人得了零分，占32.97%。这样的结果可以用触目惊心来形容。通过分析历年中考试题，我们也可以发现，在各地的试题中，只要牵涉语法的题目，学生的普遍得分率相对来说都不高，书面表达中的错误也显示学生语法功底的缺失。语法已经成为学生学习道路上的拦路虎，这不能不引起英语教师的足够重视。

二、语法教学现状分析

对于母语，即使我们没有特意学习语法，也能熟练交流和运用。但是，在英语学习中，我们缺乏母语的语言环境，没有大量的、自然的、日常的像汉语一样的语言输入和输出，学生无法像母语学习那样在无意识状态下自然地习得语法。语法学习，理应成为英语学习的一个主要的组成方面。只有学好了语法，掌握了语法，英语学习上的其他困难才会迎刃而解，英语学习才会迈上一个新的台阶。但是传统的语法教学模式存在诸多问题，语法教学现状不尽人意：

（一）高投入，低产出

语法教学倡导语言运用为导向的"形式—意义—使用"语法观，提倡让学生在语境中观察、归纳和使用所学的语法。教师要根据学生的实际需求，选择和设计既有层次又强调整合的不同类型的练习和活动，巩固学生所学的语法知识，引导学生在语境中学会应用语法知识，准确地理解他人和得体地表达自己。

语法教学的真正"产出"，应是让学生能在真实语境下准确、得体地运用所学的语法知识表情达意。但是长期以来，以应试为目的的语法课中，许多教师将"形式—意义—使用"三维语法观中的"使用"环节，等同于"做语法练习题"。教师对语法规则的归纳，学生在语法规则的指导下做语法练习题，成了语法课的主体。这种教学方式虽然可以尽快让学生掌握语法规则，但学生无法深刻理解语法知识，不能灵活地在具体真实的语境中迁移和运用所学的语法知识，去建构和表达意义。学生的语法学习停留在浅层次的理解和应用中，无法实现高层次的迁移和创造，造成了"高投入，低产出"的局面。

（二）两极分化严重

教学中，我们会发现学生进入初中后，开始时学习英语的热情高涨，但往往一段时间之后，两极分化现象就会悄然发生。这是因为小学英语对学生的要求相对较低，而初中英语涉及大量词汇和语篇，对学生的要求上升到语法层次。由于汉语思维和英语思维的差异，很多学生不明白什么是主语，什么是谓语动词，不明白为什么按照汉语语序说出来的英语句子是错误的。刚刚进入青春期的他们顾及所谓的"面子"，即使课上没有听懂也不愿意向老师和同学请教。而且传统的英语语法的课堂教学中，教学模式多是"填鸭式"，在这种模式下，教师主导课堂，学生处于被动接受知识的地位，这种枯燥的学习方式和机械化的操练也很难激发学生学习的积极性和主动性。长此以往，部分学生对语法学习出现畏难心理，不能正确理解语篇的意义，不能合理运用语法规则组织自己的语言表情达意，不愿和别人用英语进行交流，慢慢丧失了英语学习的兴趣。

（三）评价结果滞后，无法实现个性化的指导

解决两极分化问题的办法之一就是教师及时掌握学生的学习效果，进行个性化的跟进指导和帮助。传统教学模式下，对语法学习效果的检测往往通过口头提问、纸笔练习或者测试来进行。由于时间限制，教师在课堂上不可能提问到每一个学生，纸笔测试评价也容易反馈滞后，因此，教师无法及时了解每一个学生的学习效果，不能有针对性地给予帮助，造成教学效率低下。

李力教授曾经说过，即使我们举100个例子，讲一般现在时主语是单数第三人称的时候，行为动词要加s，最后还是要学生记住这个语法规则。大多数情况下，我们的表达是规则驱动的，语法是我们终身学习都离不开的"拐棍"。程晓堂教授也指出，要将语法视为建构和组织思想、表达思想与情感、与他人交流互动、创造连

贯的语篇的工具和手段，将语法系统视为一个表达意义的工具箱。要想合理得体地使用语法表达意义，教师就需要给学生创设真实的语境，让学生在真实的语境中，从语法工具箱中选择合适的语法来表情达意。因此，我们决定在语法教学中采用混合式教学的模式，旨在改变语法教学现状：线上通过具体的例子帮助学生掌握语法规则和简单的应用；线下通过创设需要学生合作解决问题的情境，或需要探究的主题活动、作业，如用所学的语法复述故事、读后续写、制作语法思维导图、演唱包含某一语法点的歌曲、给含某语法点的一段电影配音等，来引导学生层层深入，帮助学生组织思维，运用所学的语法有效地理解他人和表达自己。

第四节　混合式教学模式的构建

一、技术和学科的融合

何克抗教授在他的《信息技术与课程深层次整合理论：有效实现信息技术与学科教学的深度融合》一书中指出："TPACK涉及学科内容、教学法和技术三种知识要素，但并非这三种知识的简单组合或叠加，而是要将技术'整合'（即'融入'）到具体学科内容教学的教学法知识当中去。这意味着，对TPACK的学习、应用，不能只是单纯地强调技术，而是应当更多地关注信息技术环境下的'教与学理论'及方法（即信息化'教与学'理论及方法）。"

何克抗教授给出的信息技术与学科教学的深度融合定义为：所谓信息技术与课程深层次整合，就是通过将信息技术有效地融合于各学科的教学过程，来营造一种信息化教学环境，实现一种既能充分发挥教师主导作用，又能突出体现学生主体地位，以"自主、探究、合作"为特征的新型教与学方式，从而把学生的主动性、积极性、创造性较充分地发挥出来，使传统的课堂教学结构发生根本性变革，由"以教师为中心"的教学结构转变为"主导—主体相结合"的教学结构。

由以上定义可以看出，要想实现信息技术和课程的深度融合，我们需要做到以下几点：

首先需要营造一种信息化的教学环境，通过深层次的整合，让信息技术有效地融于学科教学的课前、课中和课后师生交流和互动的各个环节，实现技术支持下的师生交流和互动。其次要实现这种技术支持下的交流和互动，教师和学生的作用是同等重要的，既不能片面强调"教师为中心"，也不能过分突出"学生为中心"，而应是"教为主导""学为主体"的"主导—主体相结合"的教学结构。

最后，何克抗教授指出，教育信息化必须紧紧抓住"改变传统的教学结构和建构新型教学结构这个中心"，否则是不会有成效的。而要"改变传统的教学结构和建构新型教学结构这个中心"，就必须做到"信息技术与学科教学的深度融合"，而不仅仅是把技术简单地整合应用到学科教学中。

二、混合式教学模式的构建

混合式学习中，要做到技术和学科的深度融合，我们需要基于技术对教学内容进行重新表现，基于技术对教学流程进行重新建构，开展技术支持下的教学评价，开发和利用数字资源，最终实现整合技术的学科内容的教学。为了提高语法教学的有效性，结合初中生自制力较差的特点，同时便于英语教师在教学实践中应用，我们以STAD小组合作模式和对分课堂的模式为基础（STAD小组合作模式和对分课堂见本书其他章节），构建了一个自主、合作、探究的初中英语语法的混合式学习模式（图3）。

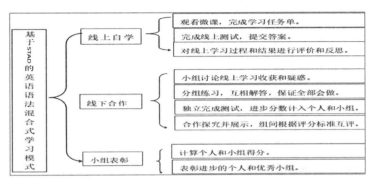

图3

（一）课前线上自主独学：**任务单导学，微课自学，在线测学，独学反思。**

根据三维动态语法观，线下的目标是让学生掌握某项语法结构，初步理解其含义；线上学习以自学为主，学生在自主学习任务单的指引下，观看微课，完成任务单中的学习任务。每一个学习任务以问题的形式呈现，学生完成问题后，通过练习来理解巩固所学内容，通过思维导图对所学知识进行梳理和归纳，完成在线测试后，根据系统自动批阅的结果进行查漏补缺。有疑惑的地方，再次观看微课或查询教材等材料，自我修正反思，在反思中整理自己的收获和疑惑，以备课堂讨论。教师多采取习题、测试等终结性评价手段来了解学生达成学习目标的情况。

（二）线下课堂合作助学：**小组讨论，分组练习，小组测试，合作探究。**

线下的目标是让学生能够运用所学语法，口头或笔头谈论虚拟或真实的生活。线下学习以合作探究的方式进行。课堂开始，教师要求学生首先对线上内容展开讨论，提出困惑。存在的问题先由小组讨论解决，组内同学解决不了的，教师集体答疑。分组练习环节，教师要求学生两人一组，先独立做题，再根据答案互相批阅，讨论交流。对不会的题目，小组合作解决，大家都不会时，教师答疑。然后，学生独立完成教师提供的测试。最后，在教师的组织下，学生以小组合作探究的方式，进行拓展性训练，在训练中加深对语法语用功能的认知。学生在具体的语境中，进行有意义的练习，从语法学习发展为语法技能。线下活动中，教师采用采取口头评价、评价量表等形成性评价方式和测试题等标准化评价方式，来评价学生的学习过程和学习结果。

（三）课后评价：计算个人贡献分，表彰团队和个人。

教师综合考虑学生线上学习的态度，完成任务的情况，结合线下测试的结果和合作探究活动的小组得分等情况，对小组和个人进行公平公正的评价，以调动学生学习的积极性。

三、混合式教学模式的有效性分析

混合式学习模式利用信息技术，整合线下和线上学习的优势，以STAD小组合作模式和对分课堂为基础，设计了有效的学习过程。关于其有效性，我们可以从学生是如何学习的来分析。

（一）学生是如何学习的？

现代认知心理学中，根据知识的不同表征方式和作用，将知识分为陈述性知识（即"是什么"的知识）和程序性知识（即"怎么做"的知识）两种类型。两种知识都要经过习得、巩固和转化、迁移和应用三个阶段，才能成为学习者自己的知识。程序性知识的学习是以陈述性知识为基础的，即先知道"是什么"，再了解"怎么做"，最后达到自动化的程度。

例如，在英语语法过去进行时的学习过程中，学生课前通过自学，有关过去进行时的定义、时态特点等新知识进入其短时记忆阶段，与长时记忆中被激活的相关知识（现在进行时、一般过去时等）建立联系，实现意义的建构；其次，学生通过教师提供的变式练习，使过去进行时的陈述性知识向程序性知识进行转化，在转化的过程中，对过去进行时有关的陈述性知识进行复述和精加工；最后，通过分组练习，合作探究之后，达到能在具体语境中运用的程度。那么，上述学习过程在具体的教学实践中是如何实现的呢？

（二）学习的对话框架

要想实现知识的学习过程，教与学实践中的对话是非常重要的环节。英国学习科学专家黛安娜·罗瑞兰德提出的"学习的对话框架"（图4）为我们揭示了知识的学习过程有效实现的真相。

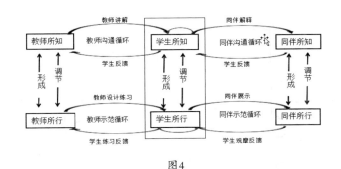

图4

罗瑞兰德认为学生的学习发生在对话框架中的四个循环中。在这个对话框架中，首先是教师沟通循环，教师通过讲解或其他展示形式向学生解释相应的知识，回应学生的提问，并对学生建构的知识进行评论和反馈。其次是教师示范循环，教师设计实践（练习）任务，要求学生开展行动，在行动中发现学生对知识的理解问题，进一步为学生解释。第三是同伴沟通循环，学生聆听其他同伴对知识的解释，进行认同或质疑，同伴进一步解释，然后进一步反馈。最后是同伴示范循环，学生通过实践、展示等活动，观摩其他同伴的做法，进行反馈和调整。

框架中包括四个循环，要想教学效果好，使学习更有效地发生，教师应该为学生设计对话框架中所有类型的活动。教学活动设计不但要在循环中由上向下移，而且要从左往右移，更要多次重复这些循环，才能实现深度学习。

（三）混合式学习模式的对话框架

混合式学习模式是如何实现上述循环，进而提升学习的有效性的呢？本模式的学习对话框架见图5。

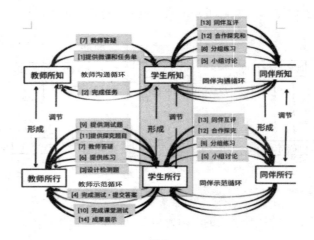

图5

1.线上自学环节

课前的独学环节，学生通过观看教师提供的微课，完成任务清单上的任务，实现从教师所知到学生所知。看完视频后，学生需要回答任务单上的问题，完成练手题目，绘制思维导图，提炼收获反思等，从学生所知到教师所知。教师根据知识点设计和发布检测题，强调学生对知识的应用，而学生完成检测，提交答案，实现教师所行到学生所行，再从学生所行到教师所行。

从以上分析可见，学生课前的学习主要发生在教师沟通和教师示范循环中，学生通过微课、自主学习任务单和测试题进行线上独学。在此过程中，学生可以根据需要对微课视频进行暂停或回放，合理安排学习时间和地点，根据平台提供的检测题答案进行自我反思、改进等，实现个性化的学习。

2.线下合作环节

小组讨论环节，学生讨论的内容既有线上的知识点，也有对知识点的运用，实现了学生沟通循环和学生示范循环。

分组练习环节，教师提供强化训练的题目和答案，由教师所行到学生所行，并在讨论和练习环节中回答学生的疑问，实现了教师沟通循环和教师示范循环。在练习中，学生先两人合作，后小组合作，在合作中相互学习，自我反思。这部分和独学中的小组讨论环节相同，既有对知识的理解，也有对知识的运用，所以应属于学生沟通循环和学生示范循环。

测试环节，教师提供预先设计好的测试题，是从教师所行到学生所行；学生完成测试题，是从学生所行到教师所行。

合作探究环节，教师提供合作探究的题目，这是从教师所行到学生所行。学生以小组为单位进行活动，相互学习，自我反思，属于学生沟通循环和学生示范循环。学生将探究成果反馈给老师和同学，然后教师组织学生根据评分标准进行互评，完成同伴沟通和示范循环。

课中通过小组讨论、分组练习、测试、合作探究等环节进行合作学习，把对话框架中的循环流程化地迁移到教师示范循环、同伴沟通循环和同伴示范循环。在教与学的过程中，老师是专家，学生是生手，由于认知广度和深度的不同，专家指导新手，往往会有一部分新手难以学会，这就需要已经会了的同伴，也就是熟手来帮忙。同伴沟通循环和同伴示范循环实现了专家指导熟手去教会生手的高效状态，并多次在循环中实现了学生的深度学习。

3.小组评价环节

课后计算个人贡献分、团队表彰环节，使得同一小组的学生为了共同的目标而努力。每个人都要为自己和他人负责，增强责任心，保证上述每一个循环都能落到实处。

第二部分

混合式教学设计

第二章

逆向教学设计

第一节　逆向教学设计的内涵

北京师范大学何克杭教授认为："混合式教学就是要把传统教学方式和网络化教学二者的优势结合起来，既要发挥教师引导、启发、监控教学过程的主导作用，又要充分体现学生作为学习过程主体的主动性、积极性与创造性。"教师如何发挥主导作用？教师对整个教学过程的规划和设计是必不可少的。教师的教学设计是一切教学活动的起点，合理而有效的教学设计是进行混合式教学模式的基础和保证。在混合式教学设计中，我们通常采用逆向教学设计的方法。

那么什么是逆向教学设计呢？为什么要提倡逆向教学设计呢？它和传统的教学设计有什么区别呢？

逆向教学设计是一种教学设计的思维方式，由美国学者格兰特·威金斯和杰伊·麦克泰格在他们合著的《追求理解的教学设计》一书中提出的。逆向教学设计就是在教学的准备阶段采取逆向思维的方式进行教学设计，强调学习目标既是教学过程的终点，也是教学过程的起点。它是一种以终为始的教学设计思路，是教师在教学设计阶段时一种思考问题的方法。

逆向教学设计是一种以学生为中心的教学设计，可以使学习成为现实，并帮助学生达成预期的学习成果。它强调教学设计中最重要的是所学的内容是什么，而不是所教的内容是什么。这意味着首先要清楚学生最终能够做些什么，也就是学习目标是什么；怎样证明学生会做了，证据是什么，即怎样对学生进行评价，怎样收集和整理评价数据；最后，教师要努力为所有学生提供更多的机会，以确保最终目标的实现。

　　和传统的教学设计相比，逆向教学设计的不同之处在于以下几个方面。首先，教学的起点不一样。传统的教学设计中，我们开始更关注的是教学内容是什么，目标的设计是不清晰的，甚至根本不去关注教学目标；逆向教学设计之初，就要关注学生的学习目标是什么，也就是学生学习的最终结果是什么。其次，教学评价的设计顺序不同。传统教学设计中，我们总是在教学设计的最后才考虑教学评价的方式和方法；逆向教学设计中，教学目标确立之后，紧跟着设计评价的方式和途径，教学评价要贯穿整个教学过程，也就是关注我们怎么才能知道学生是否一步步达到了预期目标或者既定标准，有哪些事实或者依据能够证明预期目标已经实现。这是逆向教学设计和传统教学设计最大的区别。再次，传统的教学设计中的教学活动基本都是围绕着教学内容展开的，根据教学内容来确定教学活动；而逆向教学设计中，教学活动的设计都是围绕着教学目标展开的，教学活动都是为教学目标的实现服务的。比如，目标的实现是通过教师讲授，还是学生自学，或者是通过小组合作等方式？最后，在传统的教学设计中，因为更多关注的是教学内容，所以通常把教材看成唯一的教学资源，是典型的"教教材"；逆向教学设计中，是"用教材教"，教材不再是唯一的教育资源，所有能为实现教学目标服务的图片、音频、视频等资料，都可以作为教学资源。

因此，根据以上分析，混合式教学设计，除了要设计教学目标、评价方式和教学活动外，还要开发和利用合适的教学资源。也就是说，要以清晰的目标为起点，教学评价和教学活动，以及资源的开发和利用，都要围绕教学目标展开。

第二节　教学设计的原则

一、"教—学—评"一致性原则

《义务教育英语课程标准2022年版》明确指出，教师要准确把握教、学、评在育人过程中的不同功能，树立"教—学—评"的整体育人观念。教师要注重对各教学要素之间关系的分析，设计并实施目标、活动、评价相统一的教学，明确教什么、为什么教、怎么教、怎么评等方面的内涵和要求，建立相互间的关联，体现以学定教、以教定评，使评价镶嵌于教学中，成为教学的有机组成部分。王蔷和李亮认为，教—学—评指一个完整教学活动的三个方面，"一体化"则指这三个方面的融合统一。"教"以目标为导向，指向学科核心素养的培养；"学"是为了发展核心素养，与"教"的内容保持一致；"评"则是为了促教和促学。

实际上，混合式教学设计本身就体现了教—学—评一致性的原则。在混合式教学设计中，无论是线上学习还是线下学习，一个完整的教学流程都要包括学习目标、学习活动和学习效果的评价。此外，也要把教学资源的开发和利用考虑在内。具体来说，就是我们想让学习达到什么样的目标？我们通过什么样的教学活动来达成这些目标？设计怎样的评价方式才能检测到学生已经达成这些目标？为了达成目标，我们需要开发和使用什么样的教学资源？这几个因素之间是相互联系、相互支持的。

（一）设计学习目标

在撰写教学目标之前，我们先要考虑的是哪些目标是学生可以自主完成的，哪些目标是学生必须在教师的引导下，通过合作探究达成的。无论进行什么样的教学（学习）设计，都要从具体、明确且可衡量的目标开始，并且让学生作为主体。

教育教学目标描述结构一般有三部分：一是通过什么样的方式，例如线上通常是通过观看微课、完成任务单的方式，线下则是经常通过小组合作的方式等；二是描述学生将要学习的内容和知识，一般使用名词，描述学生预期习得或构建的知识，例如宾语从句的定义和类型等；三是描述学生的学习行为和认知的过程，一般使用看得见、摸得着、可测量的显性动词，表述学生预期的认知过程。例如，像我们平常在撰写教学目标中常用的"理解""掌握""体会"这样的动词比较抽象、空洞，这些都发生在学生的脑海中，是教师无法直接检测或观察到的，我们需要的是实际可以看到的"动作"。我们认为，这些词并不是绝对不可以用的，如果用的话，教师必须能够设计出一定的的评价手段和方式，可以检测到学生对这些知识已经"理解了""掌握了"或"体会了"。为了确保有明确的、可测量的课程目标，我们可以使用布鲁姆认知学领域目标分类法中的常用动词：说出、列举、解释、归类、判断、创作等。因为这些动作的结果是看得见、摸得着的，是教师或者同伴可以观察或者检测到，并且可以用来进行评价和测量的。

结合上面对目标描述的讨论，我们可以对宾语从句的学习目标这样设计：

学生通过观看微课、完成自主学习任务单和在线自我检测，能达成的线上学习目标为：1.能举例说明什么是宾语从句；2.能确定各种类型的句子做宾语从句时的引导词；3.能根据需要调整宾语从句的语序为陈述语序；4.能根据需要调整宾语从句的时态；5.能总结合并含有宾语从句的复合句的步骤；6.能用思维导图对本节课所学内容进行梳理；7.能根据任务单要求对自学进行反思和评价。学生通过小组讨论，同伴互助，能达成的线下学习目标为：1.用宾语从句转述自己所知道的信息，在与他人的交流中正确使用宾语从句；2.根据要求，独立完成有关宾语从句的相关检测；3.用宾语从句创编歌词，并选取其中的一部分进行演唱。

（二）设计评价方案

确定目标后，我们需要考虑如何对学生进行评估，目标的撰写要求明确、具体、可衡量。那么，运用什么样的评价方式评估学生是否掌握了所学的内容呢？

作为教师，在设计线上和线下教学活动之前，首先要决定如何评估学生，这是逆向教学设计的核心内容。所以，我们在确定目标后，开始教学之前，首先要思考，哪些评价方式将是用来证明学习目标的最佳证据，我们需要考虑收集什么样的证据来证明学生在学习，什么样的证据能让我们洞察到学生的学习效果呢？

具体来说，在对学生的学习行为和学习效果进行评价时，要确保学习目标中所用的动词与评价方式相匹配。如果所选的评价方式与动词不匹配，那么我们给学生的评价可能并不能够反映学习效果。在做评价时，要尽可能地使用多元的评价依据，包括习题、图片、写作等；还要注意使用多元的评价方式，包括自我评价、同伴评价、教师评价等，因为单一的评价方式和评价依据，不能准确有效地反映学习效果。例如，关于宾语从句的学习，如果我们希望了解学生是否观看并理解了我们提供的宾语从句微课，可以给学生制定一个学习目标：能用思维导图对宾语从句的内容进行梳理，或能绘制宾语从句思维导图。那么，评价的依据就是学生上传或上交的思维导图，评价的方式可以是学生根据教师提供的评分指南进行相互评价。例如，针对宾语从句前面提到的线上线下学习目标，我们可以设计下面的评价方式：

学习方式	学习目标	评价		
		评价方式	评价依据	评价主体
线上自主学习（观看微课，完成任务）	1.能举例说明什么是宾语从句。	标准化评价	问题回答 练习解答	自我评价
	2.能确定各种类型的句子做宾语从句时的引导词。			
	3.能根据需要调整宾语从句的语序为陈述语序。			
	4.能根据需要调整宾语从句的时态。			
	5.能总结合并含有宾语从句的复合句的步骤。			
	6.能用思维导图对本节课所学内容进行梳理。	表现性评价	思维导图	同伴互评
	7.能根据任务单的要求对自己的自学进行反思和评价。	标准化评价	检测题	自我评价
线下合作探究（同伴联系，探究活动）	1.能用宾语从句转述自己所知道的信息，在与他人的交流中使用宾语从句。	标准化评价 表现性评价	同伴练习	同伴互评
	2.能根据要求完成有关宾语从句的检测。	标准化评价	检测题	教师评价
	3.能用宾语从句创编歌词，并选取其中的一部分进行演唱。	表现性评价	歌词翻译 歌曲演唱	同伴互评 教师评价

（三）设计教学活动

最后，我们再考虑如何设计学习活动，在教学活动中给学生提供什么样的教学资源，等等。我们前面介绍了如何使用清晰可衡量的动词撰写教学目标，如何设计与目标动词相匹配的评价方案。现在我们需要考虑的是需要设计什么样的教学活动，更好地帮助学生达到学习目标。教学活动的设计非常重要，因为我们可以由此清楚地知道学生通过什么样的活动才能达成具体的目标，确保我们所有的设计都是有效的、有价值的。

在语法混合式教学模式中，我们的教学活动，从完成活动的方式来说，包括线上和线下活动；从完成活动的主体来说，包括教师活动和学生活动。教学活动的设计要紧密围绕目标展开，也要对活动的效果进行评价。本环节需要考虑的是：什么样的评价可以衡量学生是否达成了目标；为了达成目标，需要设计什么样的教学活动；评价和活动是个人完成，还是小组合作完成；哪些评价和活动可以在线上实现，哪些评价和活动在线下实现效果更好。需要注意的是，为了保证线上学习的效果和混合式教学的流畅性，本环节还需要设计线上线下衔接的评价方案和活动。

通常情况下，课前教师的活动是根据目标制作自主学习任务单，给学生提供微课视频和自我检测题；学生的活动是观看微课、完成学习任务后进行自我检测，根据检测结果进行反思和改进。为了保证线上学习的效果，开展线下活动时首先要对线上的学习进行评价，通常采用提问和测试的方式；而线下多采取合作探究的方式来促进学生对知识的巩固和迁移。除了采用常规的测试评价外，还可以根据学生的表现或者作品，由老师设计评分指南（评价量规），对学生进行评价。

二、激发动机的原则

心理学家将动机定义为激发、引导和在一段时间内保持行为的内部过程。通俗地讲，就是使学生开始行动，继续行动，并且决定行动方向的一种意愿。动机是有效教学中最重要的因素之一，一个想要学习的学生在学习新知识时会爆发出巨大的潜力，但是教师如何保证每个学生都愿意学习，都愿意付出努力去学习复杂的内容呢？努力学习的意愿是由许多因素共同促成的，包括学生的个性、能力等，也包括特定学习任务的特征、学习的诱因、情景和教师的行为等。虽然学生的动机、来源和水平各不相同，但每个学生都有动机，教师在影响学生的学习动机方面起着非常重要的作用，这都是毋庸置疑的。

在课前和课后的学习任务和活动的设计中，教师应当竭尽全力来激发学生的动机，并加以正确引导。在设计任务时，我们应该问一下自己：我希望学生在任务完成后能了解什么，能做什么，这对于实现课程目标，使学生成为有能力的个体有什么作用？为了完成学习目标，学生已具备了哪些知识和技能，学生对什么样的任务感兴趣？哪些教学材料、技术辅助手段和教学资源有助于激发学生的学习兴趣，实现教学目标？我在学科内容、儿童发展，以及有效的教学策略等方面所掌握的哪些内容，有助于促进学生实现教学目标？我怎样进行评估，才能使学生愿意继续学习？

如何有效激发学生的学习动机？我们可以用一个动机激励模型—ARCS模型，辅助我们进行学习任务的设计。ARCS模型由美国佛罗里达大学的约翰·凯勒教授在1983年提出。当时，他接到一个任务，要对教师进行培训。怎么培训教师来进行教学设计，使他们的学生愿意学习？他分析了很多关于激励学生的论文、研究报告，最后总结出来四个基本要素：注意（Attention）、关联（Relevance）、信心（Confidence）和满足感（Satisfaction）。这四个基本要素基本上可以作为我们设计教学任务的一个支架，来指导我们进行相关活动和策略的设计。

（一）注意

注意（Attention）是心理活动对一定对象的指向和集中，是伴随着感知觉、记忆、思维、想象等心理过程的一种共同的心理特征。注意有两个基本特征，一个是指向性，是指心理活动有选择地反映一些现象而离开其余对象；二是集中性，是指心理活动停留在被选择对象上的强度或紧张。指向性表现为对出现在同一时间的许多刺激的选择；集中性表现为对干扰刺激的抑制，它的产生及其范围和持续时间，取决于外部刺激的特点和人的主观因素。混合式教学模式下，教学任务尤其是线上学习任务和活动的展开，在脱离教师和同伴监控的情况下，如何吸引和维持学生的注意力，这是一个非常大的挑战。

首先，正如前面提到的教学设计的目标导向原则中提到的，教师要设计明确可衡量的学习目标，让学生的每一个目标的完成都可评价，让学生从心力上认识到任务完成的必要性，从而在学习中约束自己的注意力。其次，教师要把一个个大目标分解成一个个小目标，把一个个大任务分解成一个个小任务。把任务分解，就是将教学内容结构化和碎片化，重新排列组合，使之成为适合在线教育的课程内容，让学生在一个任务上集中注意力的时间不要过长。新的任务和新的刺激更有利于维持学生的注意力。微课视频的时间控制在3—5分钟，最长不超过10分钟，就是这样的道理。当然，微课设计或课堂活动期间，我们也可以通过讲故事，放音乐，提出与学生有认知冲突的问题，或者增加互动，来吸引学生的注意力。

（二）关联

关联（Relevance）就是关联性或者相关性，主要指的是教学活动要与学生的背景知识、个人需求和生活经验相联系。关联理论认为，当输入内容值得人们加工处理时，它就具有关联性。是否值得加工处理，取决于认知效果与处理时付出的努力。人们在接收和理解话语时，是在不断变化着的语境基础上处理新信息的。新信息可以增加或加强原有的假设，也可以否定原有的假设。假设的增加、加强和否定就是"语境效果"或"认知效果"。在其他条件相同的情况下，处理某一输入内容所取得的认知效果越大，其关联性就越强，反之越弱；为进行加工处理而付出的努力越少，其关联性就越强，反之越弱。

根据关联理论，教学活动或教学任务的设计要注意以下几方面的问题：

一是设计的活动或任务要和学生已有的旧知识有关，和他们的已有经验进行关联，通过使用与学生的经验相关的语言、事例、概念、等，帮助学生联系旧知识，学习新知识，做到温故而知新。例如，我们前面提到的宾语从句的学习，就要和学生已学过的陈述句、一般疑问句和特殊疑问句等知识进行关联，才能帮助学生更好地学习和理解宾语从句的用法。

二是设计活动或任务时，要尽量和学生的实际生活相关，让学生在实际生活中学习运用新知识，从而更好地理解和掌握新知识。例如，在宾语从句的创造性运用环节中，我们可以让学生翻译某一首比较熟悉的歌曲中的宾语从句，来激发学生完成任务的兴趣和动机。

I believe I can fly	
l used to think _____	我原以为我无法坚持下去
And life was nothing but an awful song	生命只不过是首忧郁的歌
But now I know the meaning of true love	但现在我明白了真爱的含义
I'm leaning on the everlasting arms	找到了可以永久依靠的臂膀
If I can see it, then I can do it	只要我能看见希望，我就能成功
If I just believe it	如果我相信我能行
There's nothing to it	那就没有什么不可以
I believe _____	我相信我能飞翔
I believe _____	我相信我能触到天空
I think about it every night and day	日日夜夜，我想象这一幕
Spread my wings then fly away	展翅高飞

三是要考虑到学生的需求。当学生学一些知识的时候，会很实际，会关心这些知识有用还是没用的。让他觉得学的知识有用，这样他就会产生学习兴趣。例如，当学生了解到他的学习效果会直接影响自己和小组的评价时，那么他就会为自己的学习负责，学习兴趣和动机也就体现出来了。

（三）信心

信心（Confidence）是指对行为成功及其相应事物的发展演化预期的信任程度；而若只相对于行为，信心亦可定义为对行为过程的反应，是个体相信自己对自己独立或与人合作完成学习任务的信任。信心的树立对学生，尤其是学困生，至关重要。

要树立学生的信心，我们必须明白"习得性无助"。习得性无助（Learned helplessness）是由美国心理学家塞利格曼于1967年提出的，是指重复的失败或惩罚造成的听任摆布的行为。其产生的主要原因有学业不良状态的长期积淀、不恰当的评价方式等。如果学生总是在完成学习任务时，不断接受来自身、老师、同伴等人的消极反馈，那么最终他就会"破罐子破摔"，放弃努力。而事实上，此时此刻他们并不是"真的不行"，而是陷入了习得性无助的心理状态中，这种心理让人自设樊篱，把失败的原因归结为自身不可改变的因素，失去继续尝试的勇气和信心。

为了避免学生陷入习得性无助的心理状态中，在教学任务的设计或活动的实施过程中，教师要做到：对所有的学生抱有期望，始终对学生的学习负责，让学生感受到老师对他的学习能力是非常有信心的，并且非常愿意提供帮助；尽可能让学生自定步调去学习，并为其学习提供支持和帮助；为同伴间的合作和互助提供时间和机会；设置多元的评价标准，建立能描述学生进步的评分机制。

（四）满足感

满足感（Satisfaction）是指人类等生命体的需求得到实现时的感受，是指为了让学生感受到学习的价值，让他们在学习中获得成就感，体会到成功的快乐。心理学家的研究表明，成功和成就感是互为因果的，成功诱发了获得更多成功的愿望，而这种愿望又导致了更多的成功。

很多情况下，学生的满足感来自同学和老师的认可和鼓励。表扬是学生获得满足感的一个重要途径，但是这表扬一定要是有效的表扬。罗伯特·斯莱文在他的《教育心理学理论与实践》一书中指出，教师的表扬可用于许多方面，但最主要的是用于强化恰当的行为，以及对学生的正确行为给予反馈；要针对某一具体的行为给出真诚的鼓励，而非对一般性的良好表现进行表扬。例如，教师可以说"苏珊，我很高兴你按照要求开始写作了"，而不是"苏珊，你做得棒极了"。

该书中列举出了布罗菲提出的有效表扬应遵循的原则：

1.针对具体的良好行为给予表扬；

2.对达到的成就进行具体说明；

3.表现出自然、多样，以及其他一些表明可信的特征，对学生的成就给予明确的关注；

4.对达到具体标准的行为进行奖励（也可奖励努力）；

5.给学生提供有关自身能力以及完成任务的意义的信息；

6.引导学生更好地认识与任务有关的自身行为，引导学生对问题进行思考；

7.以学生过去的成绩为参照，来评价学生当前的成绩；

8.认可学生付出的努力或在困难（对该学生而言是困难的）任务上取得的成功；

9.将成功归因为努力和能力，这意味着学生将来还会获得类似的成功；

10.让学生关注他们自身与任务有关的行为；

11.在任务完成后，鼓励学生赞赏与任务有关的行为，并对行为进行积极的归因。

由以上的分析，我们可以看出，满足感的体验大多来自活动实施过程中学生在学习行为和学习结果上获得的反馈和表扬，这一切都是以活动实施前的设计为基础的。在课前线上的自主学习中，我们要设计确保学生完成某项具体任务就能达成学习目标的方案，让学生明白只要努力就能成功，只要认真地照着任务单的要求去做，就会学到有用的知识，得到老师和同伴的认可；要针对某一个知识点，或整个学习过程，设计相应的练习或检测的题目，对学生的学习结果进行及时的反馈；同时，要设计评价，尤其是自我评价的环节，让学生对自己的学习行为进行及时的反思和评价，反思自己是否按照任务单的要求进行了认真的学习，反思自己的学习目标是否达成。同样，在课堂的面对面的学习中，我们要设计需要小组合作完成的学习任务，要求学生在完成任务的过程中互相帮助，互相鼓励；要设计教师抽查的活动，鼓励学生积极大胆地提出自己的问题，对学生的学习行为和学习结果进行及时反馈；设计课后"不比优秀比进步"和"小组捆绑"式的评价方式，使每一个成员意识到只要努力，每个人都会得到认可，每个人都可以为小组做出贡献，每个人对于小组都是不可或缺的。

第三章

学习目标设计

沃尔特·迪克说过："教学设计中最关键的工作就是确定教学目标，否则你可能就是为了根本不存在的需要去教学。"大多数中小学教师对教学目标的重视不够，在进行教学设计时，更多地关注教学流程的设计，而忽视了教学目标这个最重要的环节。教学目标就是预估学习者学习的结果，它应成为教学设计的起点，更是教学设计的归宿。那么怎样设计教学目标呢？设计教学目标时需要考虑哪些因素呢？有哪些因素影响目标的达成呢？

第一节　课程标准和教材分析

一、课程标准分析

在设计教学目标时，我们要从大处着眼，小处着手。我们要明白某一个课时目标，一定是由单元目标决定的，而单元目标是由本册教材或本学期的目标所决定的，本册教材或本学期的目标又是由国家课程标准确定的。某个课时目标看起来呈现的是一个具体的教学内容的目标，但其背后有相应的依据和来源，这是目标设计的系统性原则，也是设计教学目标时必须遵循的一个原则。因此，在进行教学目标分析时，先要关注课程标准，再明确本册书或一学期的总目标，然后分解到不同的单元目标里，以及每一个单元里的不同课时目标或不同的知识类别的目标里。教师需要关注英语课程标准，义务教育课程规定了教育目标、教育内容和教学基本要求，体现国家意志，在立德树人中发挥着关键作用。这是教师进行教学目标分析的前提和基础。在教学前，教师要充分了解、仔细研读学科的课程标准，清楚国家对该学科的总体要求和某一项内容的具体要求，然后才能开展教学目标的具体设计。

《义务教育英语课程标准（2022年版）》对核心素养进行了解读："核心素养是课程育人价值的集中体现，是学生通过课程学习逐步形成的适应个人终身发展和社会发展需要的正确价值观、必备品格和关键能力。英语课程要培养的学生核心素养包括语言能力、文化意识、思维品质和学习能力等方面。语言能力是核心素养的基础要素，文化意识体现核心素养的价值取向，思维品质反映核心素养的心智特征，学习能力是核心素养发展的关键要素。核心素养的四个方面相互渗透，融合互动，协同发展。"在此基础上，提出了发展语言能力、培育文化意识、提升思维品质和提高学习能力的总目标。而对于语法提到的目标包括：了解句子的结构特征，如句子种类、成分、语序及主谓一致；能归纳学过的语法规则；能辨识和分析常见句式的结构特征；在书面表达中，能选用不同句式结构和时态，描述和介绍身边的人、事物或事件，表达情感、态度、观点和意图等。

作为初中英语教师，我们还必须注意到各地学生英语基础水平的差异，尤其是广大农村地区，学生的英语基础相对比较薄弱，许多学生对英语学习，尤其是语法学习，有畏难心理，早早地丧失了学习英语的兴趣。因此，我们也要关注小学阶段对英语语法学习的要求，根据自己的学生的实际状况，做好衔接和过渡。

英语语法知识包括词法知识和句法知识。词法关注词的形态变化，如名词的数、格，动词的时、态（体）等；句法关注句子结构，如句子的种类、成分、语序等。词法和句法之间的关系非常紧密。在语言使用中，语法知识是"形式—意义—使用"的统一体，与语音、词汇、语篇和语用知识紧密相联，直接影响语言理解与表达的准确性和得体性。对于语法知识内容的三级要求为：1.初步意识到语言使用中的语法知识是"形式—意义—使用"的统一体，明确学习语法的目的是在语境中运用语法知识理解和表达意义；2.了解句子的结构特征，如句子的种类、成分、语序及主谓一致；3.在口语和书面语篇中理解、体会所学语法的形式和表意功能；4.在语境中运用所学语法知识进行描述、叙述和说明等。现行初中阶段的外语教材对语法知识点的编排，都是在此标准的指导下按照知识体系的逻辑结构来组织的，注重体系性、完整性和循序渐进。

《义务教育英语课程标准（2022年版）》中列出了通过义务教育阶段教材的学习，学生需要掌握的包括词类、构词法和句法在内的八大语法点。这些语法知识点和教材文本话题有机结合在一起，非常适合学生在具体的语境中进行学习和运用。

教学中，我们要以课程标准中提到的语法内容和要求为依托，结合学生的实际情况，开展混合式语法学习。

二、教材分析

教师要在课程标准提出的总目标下，分析教材，了解学段目标，这样才能够确定在某一个阶段的教学中，怎样引导学生达到学习目标。

在对教材和教学内容进行分析时，教师要树立"以课程标准和教材为中心"原则，在落实课程标准要求的前提下，深入研究教材中需要初中生掌握的语法知识点，明确这些问题：通过义务教育阶段的学习，学生需要掌握哪些语法知识点？各个语法知识点需要掌握到什么程度？哪些语法知识点需要学生重点掌握，哪些只需要学生了解即可？各个语法知识点需要学生在哪个年级什么时候掌握？每个语法知识点需要几个课时完成，和这个语法知识点结合的文本主题是什么？学生需要怎样学习和练习才能掌握这些语法知识点？

例如，通过对外研版教材的分析，七年级语法的教学内容分布如下：

教材	语法知识点	模块	主题	任务
七年级上册	人称代词和物主代词；be动词的用法	Module1	Personal information	Introducing yourself to your new friends
	指示代词this、these、that、those的用法；名词所有格	Module2	Family and relatives	Writing about your family
	there be句型，方位介词in、on、under、behind、in front of 等的用法	Module3	School information	Describing your school
	have / has got 和不定代词some、any的用法，可数名词和不可数名词	Module4	Food and drink	Making a poster about a healthy breakfast
	行为动词的一般现在时，包括（动词原形和动词第三人称单数）肯定句和否定句一般疑问句，特殊疑问句；常用的频度副词的用法.	Module5	School and school life	Talking about your ideal school day
		Module6	Animals	Making a poster of your favourite animal
		Module7	Using the Internet	Making a survey about computers
		Module8	Personal preference	Planning a classmate's birthday party
	现在进行时	Module9	Daily routines and culture	Making a radio report
		Module10	Festivals, holidays and celebrations	Writing a letter about Spring Festival to a foreign student
七年级下册	名词性物主代词	Module1	School life	Acting out a sketch in the lost and found office
	情态动词can	Module2	Personal background	Making a poster for a club
	一般将来时：be going to 结构	Module3	Plans and arrangements	Talking about your weekend plans
	一般将来时：will	Module4	School living environment	Making a poster about life in the future in your hometown
	特殊疑问句	Module5	Shopping	Writng a shopping list for a school picnic
	方位的表达（问路和指路）	Module6	Living environment；travel	Giving directions around your home town
	一般过去时	Module7	Personal background	Writing about your classmate's past life
		Module8	Stories	Telling a story
		Module9	Writers	Wring about people in the past
		Module10	Travel and transport	Holiday
	祈使句	Module11	Body Language	Making a poster about body language
	感叹句和选择疑问句	Module12	Recreation	Talking abut Chinese music

　　通过对教材中语法知识点的整体分析，我们就可以从整体上把握每个学年、每个学期、每个模块，我们需要学习哪些语法，需要掌握到什么程度，不至于超纲或者达不到教学目标。

　　在教学周期和教学内容确定之后，教师要对语法内容进行整合，确定每课时的教学活动要完成的任务，要遵循适量、适度和循序渐进的原则。适量是指单位课时下语法内容不要过多，也不要过少，使学生在预定时间内，对每个语法知识点能够以合理的投入完成学习。适度是指单位课时下既不要过难，也不要过易。过难容易造成学生的畏难情绪，而过易则容易让学生丧失学习兴趣。教材是按照语法知识的逻辑结构编写的，有些语法知识点自然比其他语法知识点更难，教师则需要对教学内容进行分解，把一个大目标分解成一个个小目标，帮助学生有效完成其学习。而对于那些比较简单的语法，或者学生在小学阶段已经接触过，并掌握了的，教师可以进行整合，以节省学习时间，提高学习效率。循序渐进是因为任何一个语法知识点的学习都不是一蹴而就的，它需要在不同的主题下反复循环出现多次，学生才能掌握。因此，在教学时，教师要让同一个语法知识点，从语法句型呈现到结构分析，到意义理解，到有效使用，循序渐进，达到让学生灵活运用的目的。

三、小升初的衔接

在初中的起始阶段，教师要特别注意小升初语法知识的衔接。初中阶段在学生的求学生涯中是一个重要的承上启下阶段，做好小升初的衔接是非常重要和必要的。建构主义认为，教学不能无视学习者的已有知识经验，而是应当把学习者原有的知识经验作为新知识的生长点，引导学习者从原有的知识经验中生长新的知识经验。因此，在初中教学的起始阶段就应根据学生的小学英语学习情况，做好小学到初中的衔接。为了避免在教学中盲目赶进度、加深度、拓宽度，增加学生的课业负担，我们要高段向低段衔接，即初中向小学衔接，而不是小学向初中衔接。

　　为了做好小升初的衔接，有的教材在初中起始年级正式教材之前，设计了Starter模块。其编写的目的就是在对小学阶段英语学习的提炼和总结的基础上，从初中阶段教材学习所应具备的基本英语语言能力出发，考察并培养学生在开始学习初中阶段教材前所具备的英语听说读写的基本技能，从而帮助学生较为轻松地开始初中阶段的学习。实践教学中，许多教师，尤其是年轻教师，由于缺乏教学经验，对衔接阶段教学的理解和重视不够，小升初的衔接多为学生个体的自然衔接阶段，具有较大的随意性，致使小升初的衔接阶段还存在种种问题。究其原因，一是部分教师觉得初中起始阶段的教学就是对小学阶段学习内容的简单复习，从而进行简单重复的教学，致使许多学生认为初中英语课上这些内容都会了，学不学一个样，失去了英语学习的兴趣；二是学生英语水平参差不齐，教师在教学中采取"一刀切"做法，学生两极分化加剧。再就是，教师不会结合初中阶段的教学，对起始模块的教学进行整合，往往是课本上有什么就教什么，以至于错过了在本阶段帮扶小学英语"学困生"的最佳时机。本阶段，教师需要从心理上帮助基础薄弱的学生克服畏难情绪，并在以后的学习中持续关注他们的学习状态，多鼓励，少批评。更主要的是，教师需要明确学生在衔接阶段应具备的基本知识和技能，从基本知识和技能的入门入手，引导学生体会学习的成就感，增强他们对于学好英语的自信。

　　从语法角度来说，《义务教育课程标准（2022年版）》中对一、二级的语法要求，包括一般现在时、现在进行时、一般过去时、一般将来时、简单句的基本结构和表意功能等语法知识点。通过前面表格中对初一年级的语法知识点的分析，我们可以看出以上语法项目和初一的语法项目几乎是重叠的。事实上，在编制《英语》（新标准）教材时，编者们已经充分考虑到目前我国小学英语教学的实际情况，为学生充分准备了过渡内容。《英语》（新标准）初中阶段教材语法内容遵循的是"零起点"的设计，保证学生在学习这套教材时不会由于语法知识的欠缺而造成学习上的困难。教材的这种小幅度知识过渡、大幅度能力提高的设计理念，也为小学阶段没有学习过英语的学生提供了足够的过渡空间。小学阶段，语法项目的学习相对于语音、词汇的学习，是比较薄弱的环节。教师应了解《英语》（新标准）初中阶段教材语法内容"零起点"的设计原则，在语法教学上不要操之过急。既然大多数语法项目在以后的学习中会逐步接触，我们就不要操之过急，或者认为学生都掌握了这些知识，产生"轻敌"心理。

起始阶段的语法教学，我们要在整合小学阶段和初中起始年级语法知识的基础上，本着为整个初中阶段语法知识的学习奠定基础的原则，基于教材的语法和主题的设计，但又不拘泥于教材，根据实际情况进行语法整合学习。为了后续的语法学习更顺畅，我们需要给学生渗透基本的词性和基本的简单句结构，以及基本句型的学习。具体来说，我们要让学生明白：什么是名词，什么是动词，什么是形容词，它们的意义和作用是什么？什么是人称代词？人称代词的各个人称，尤其是第三人称单数，指的是什么？物主代词（形容词性物主代词）的基本用法是什么？什么是句子的主语，什么是句子的谓语，主语和谓语应该由什么词来充当？什么是陈述句，什么是肯定句和否定句？怎样把陈述句变成一般疑问句，又怎样把陈述句变成选择疑问句和特殊疑问句？这些是语法学习的基础，我们要在起始阶段就让学生掌握，而不必拘泥于教材。在学生明白了这些基本概念之后，再按照教材的编排进行语法教学。至于比较难的词性和句子成分，在起始阶段是不能涉及的。对个别英语学习有困难的孩子，教师应该允许他们缓一缓，慢掌握比不掌握要好。对那些直接影响后面单元的学习的知识和技能，教师则要提醒学生这些知识和技能非常重要，应该尽快掌握。

四、学情分析

学情分析是学习目标设定的关键一环，只有真正了解学生的现有知识、经验和认知特点，才能确定学生在不同学习活动中达成的学习目标。在学情分析时，一个最不能忽视的理论就是"最近发展区"理论。

最近发展区理论是由前苏联教育家维果茨基提出来的。他指出儿童发展的两种水平：一种是现有发展水平，另一种是潜在发展水平。这两种水平之间的距离，就是最近发展区（Zone of proximal development），最近发展区就是指刚好超出个体的现有水平的一个更高的发展水平。他认为儿童在最近发展区内解决问题时，学习就发生了。最近发展区内的任务是指儿童不能单独完成，在成人或者更有能力的同伴帮助下才能完成的任务。而帮助儿童突破最近发展区，就需要给他们提供"脚手架"。如同建筑工地的脚手架一般，它能帮助孩子层层往上，从现有发展水平达到潜在发展水平。提供脚手架是指为学习和解决问题提供支持，包括提示、提醒、鼓励、分解问题、提供例子，或者是其他任何可以帮助孩子成长为一个独立的学习者的做法。

维果茨基的教育理论在课堂实践中给我们的启示是：只有在最近发展区内进行教学活动，才可能产生有效的学习，过难或过易的教学对学生的学习都没有多大作用；教学必须重视"脚手架"的作用，给学生提供帮助他们达成目标的工具、支持、示范等是非常必要的；同伴的帮助和示范，也可以在最近发展区内有效促进学生的发展。

根据最近发展区理论，在学习某一项具体的教学内容前，为了更好地达成目标，教师还需要了解学生对该知识点的认知水平和生活经验。教师要注意某个具体语法知识的前勾后连，学习某个新的语法知识点需要具备哪些旧的语法知识？这些旧的语法知识学生是否已经掌握？有多少学生没有掌握？对学生没有掌握的内容，我们要通过什么样的方式让学生掌握？本节课要掌握的知识和下节课要掌握的知识有什么联系，在整个知识体系中占据什么样的地位？学生的哪些生活经验有助于他们掌握这些知识？例如，关于宾语从句的学习，学生要想顺利进行宾语从句的学习，需要具备陈述句、一般疑问句、特殊疑问句相关的基础知识，这些基础知识就是达成学习宾语从句这个目标的最近发展区的知识。教师可以通过调查问卷和访谈的方式进行了解：如果学生已经掌握，可以直接进行宾语从句的教学；如果学生掌握不好，则要进行复习，以帮助他们最终达成学习目标。

混合式教学中，包含线上学习的目标和线下学习的目标。根据最近发展区理论，我们在了解学情的基础上，要对教学内容进行重新分析：哪些内容是比较容易掌握的，学生通过自学就能学会；哪些内容是学生必须通过同伴交流和教师指导才能掌握的。自主学习目标不能设计得过于难以达成，而且教师要给学生提供微课和自主学习任务单作为脚手架，帮助学生达成相对低阶的目标。线上学习目标的达成到线下目标的达成之间，也有一个最近发展区。混合式教学模式的线下学习聚焦于高阶认知过程目标的达成，促进学生的深度学习。高阶认知过程目标的核心是学生思维与能力的发展，因此，学习目标的设计基于布鲁姆认知目标分类支架中的分析、评价和创造的层次。在线下学习中，教师要创设相对真实的语言情境，开展小组合作活动，通过交流、交际和同伴的支持等帮助学生达成高阶的目标。

　　提供"脚手架"，帮助学生从现有水平达成潜在水平的目标，还意味着目标的设计要具有层次性和递进性。我们要根据具体的语法知识点，把一个大目标分解成一个个逐步实现的小目标，层层递进。例如，自主学习中我们把掌握宾语从句的基本用法这个大目标，分解成了掌握宾语从句的定义、类型、时态、语序、合并含有宾语从句的复合句等一个个具体的小目标，帮助学生一步一个台阶地达成"掌握宾语从句的基本用法"这个最终目标。

第二节　目标制定

一、目标设计常用的动词

根据逆向教学设计的原则，具体、可衡量的目标是非常重要的，因为在目标导向的教学设计中，不明确或无法衡量的目标是无效的。目标的设计要具有可测量性，就是说学生完成学习目标的结果是"看得见，摸得着，做得到"的。

要想使完成学习目标的结果"看得见，摸得着，做得到"，学习目标的设计就需要使用"显性动词"，那么显性动词有哪些呢？这些显性的行为动词是布鲁姆认知领域的教学目标"记忆、理解、运用、分析、综合、评价"六个层次的具体化，是专家和学者们为了帮助教师们设计学习目标，而提供的在某一认知层次下衍生出来可供选择的显性行为动词。

布鲁姆认知目标的第一层次为记忆。记忆是指对相关知识的识记、回忆、保持、再现或再认。在记忆层面常用的显性动词包括定义、说出、写出、复述、背诵、辨认、选择、指出、列举等。例如，说（写）出宾语从句的定义，列举现在进行时常用的时间状语，都属于记忆层次的目标。

理解，是指能对别人的口头语言、书面语言、图片、音频、视频等信息建构意义，就是我们平常所说的知其然，又知其所以然。

解释、复述、转换、改写、摘要、总结、推测、释义、分类、推断等都属于理解的范畴。比如，学完一般现在时后，让学生用思维导图提炼关键词，概述一般现在时的用法，总结合并含有宾语从句的复合句，等等。

应用，是指对所学的概念、法则、原理的运用，方法、技巧、规律的拓展，能将学习材料用于新的具体情境，代表较高水平的学习成果。应用需要建立在对知识点掌握的基础上，包括展示、举例、完成、检查、改编、阐述等。比如，学完一般现在时的句型结构后，学生能把所给的一般现在时态的句子，按照要求改成否定句或者疑问句；能根据需要，调整宾语从句的时态或者语序。

分析是指将材料整体分解为部分，并能确定部分和部分，以及整体和部分之间的关系。辨别、比较、对照、归类、区分等都属于分析的范畴。比如，区分现在完成时和一般过去时的区别。

评价，即基于准则和标准，对一件事或一个人物进行判断、分析后的结论，包括检查、评论、判断、证明、推荐、评定、测试等。比如，教师对学生小组合作的情况进行抽查，或者给出自我评价表，让学生对自我学习的效果进行分析。

创造是指以新颖独特的方式对已有的信息进行加工、改造、重组和迁移，从而形成一个新的模型或结构，包括计划、设计、制造、创作、建构、发明等内涵。例如，学习完一般现在时后，让学生用一般现在时对自己的日常生活进行描述。实际上，语言学习本身就是一种创新，一个人用于表达自己的观点和想法的语言，不会直接来自教科书或老师所教，肯定是按照语言的规则，根据信息表达的需要进行创造的。创造作为认知目标中最高阶的目标，应当引起教师足够的重视。学习过程中，教师应启发学生根据自己的生活经验发现与所学内容关系密切的真实问题，同时给学生提供宽松的讨论空间，让学生对所学信息进行加工、改造、重组和迁移，创造性地表达自己的观点或感受，从而真正实现知识的迁移，促进创新性思维的发展和提高。以下是各个目标层次可采用的显性行为动词（来自孙亚玲老师的慕课《有效学习》）。

认知领域学习（教学）目标设计可供选择的行为动词

目标层次	目标特征	可供选用的显性行为动词
知道	对信息、知识的回忆、记忆	为……下定义、列举、举例、说出（写出）……的名称、复述、排列、背诵、辨认、回忆、选择、描述、指出、再认、识别、指明、临摹……
理解	用自己的语言解释信息	分类、叙述、解释、鉴别、选择、转换、区别、估计、引申、归纳、举例说明、猜测、摘要、总结、改写、概括、归纳、缩写……
运用	将知识应用于新的情景	运用、计算、示范、改编、阐述、解释、说明、修改、订计划、制定、方案、解答、整理、模拟、重复、制定、测量、试验、拟定、安装……
分析	将知识分解，找出各部分之间的联系	分析、分类、比较、对照、图示、区别、检查、指出、陈述……之间的关系、评价、检索……
综合	将知识各部分重新组合，形成一个新的整体	编写、协作、创造、设计、提出、组织、计划、综合、归纳、整理……
评价	根据一定标准进行判断	鉴别、比较、评定、判断、总结、证明、说出……的价值……

通过分析，我们可以看出，在目标的设计中，记忆和理解属于低阶认知目标；然后是让学生能够应用、分析；最终还要关注学生是否达到了高阶认知目标，即让学生学会评价和创造。在理解了认知过程维度的内涵以后，我们就可以确定哪些目标学生通过自学可以学会，哪些目标必须通过教师的指导、同伴的交流才能学会，从而决定采取线上还是线下的方式。一般说来，低层次的目标，如记忆、理解、应用等，达成比较容易，往往适合线上的自主学习；高

层次的目标，如分析和创造等，往往需要在教师的指导下才能达成，所以更适合线下面对面的方式。

二、案例分析

最后，我们来总结一下，在混合式学习中，教学目标的描述通常包括目标实现的条件、显性的行为动词和具体的知识内容等方面。通过前面各个环节的分析，我们知道，目标实现的条件就是教师为目标的实现提供的"脚手架"；显性的行为动词来自布鲁姆目标动词的具体化；知识内容是在分析课程标准、教材的基础上确定的每一学年、每一学期、每一模块、每一课时，直至每一课时的线上和线下的具体学习内容。

例如，前面我们提到了宾语从句的目标。学生通过观看微课、完成自主学习任务单和在线自我检测，能达成的线上学习目标为：①能举例说明什么是宾语从句；②能确定各种类型的句子做宾语从句时的引导词；③能根据需要，调整宾语从句的语序为陈述语序；④能根据需要，调整宾语从句的时态；⑤能总结，合并含有宾语从句的复合句的步骤；⑥能用思维导图对本节课所学进行梳理；⑦能根据任务单要求，对自学进行反思和评价。线下则是学生通过小组讨论、同伴互助、探究，能达成以下目标：①用宾语从句转述自己所知道的信息，在与他人的交流中正确使用宾语从句；②根据要求，独立完成有关宾语从句的相关检测；③用宾语从句创编歌词，并选取其中的一部分进行演唱。在对以上目标的描述中，宾语从句的意义、宾语从句的引导词、宾语从句的陈述语序等具体的知识内

容清晰可见；教师设计微课、自主学习任务单、检测题，设计各种
形式的教学活动，就是为目标的达成提供"脚手架"。同时，教师
通过把宾语从句的学习目标分解成一个个小目标，给学生搭建了目
标最终达成的"脚手架"。目标描述中运用的举例说明、梳理、转
述、创编等都属于显性动词。

第四章

评价设计

第一节 评价的基本概念

教学目标设定之后，接下来，我们就要考虑设计教学评价，也就是我们怎样才能判断学生是否达成了既定目标，我们判断的依据和方法是什么？不管是在传统教学还是混合式教学中，评价都是不可或缺的一个环节。我们需要考虑：什么是评价？为什么要对学生进行评价？评价什么？怎样评价？

一、什么是评价

评价（evaluation）或称评估，是指学校中用来正式测量学生表现的所有方法（Gronlund &Waugh，2009；McMillan，2008；Popham，2005），包括课堂小测验、考试、评语和成绩等级等（转引自罗伯特·斯莱文《教育心理学理论和和实践》）。对学生的评价，主要关注的是学生的学业成绩，混合式教学同时必须对学生的行为和态度进行评价。

二、评价的功能

《义务教育课程标准（2022年版）》指出，教学评价对促进学生核心素养的发展具有重要作用。教学评价有助于学生不断体验英语学习的进步和成功，更加全面地认识自我、发现自我，保持并提高对英语学习的兴趣和自信心；有助于教师获取英语教学的反馈信息，对自己的教学行为和效果进行反思，不断提高教学水平和专业能力；有助于学校和教育行政部门及时了解英语课程的实施情况、课程目标的达成程度和人才培养的实际效果，不断改进教学管理，推进课程实施，提升课程育人质量。在语法混合式教学中，评价既包括线上自主学习的自我评价和同伴互评，也包括线下活动中的教师评价和同伴互评，通过有效的教学评价，可以对学生的学习进行诊断、激励、指导和干预。为了改善线上自主学习的效果，促进线下小组合作的真正发生，评价采取的是小组捆绑和个人评价共行的方式，学生的表现和学习的最终结果要计入个人得分和小组得分。

对于学生来说，评价既能够让他们发现自己的不足和与他人之间存在的差距，以便调整以后努力的方向，也能够让他们通过评价获得成就感和满足感，增强进一步学习的信心和勇气。对于小组而言，评价能让组内成员及时发现自己组内掉队的同学。为了和其他组进行竞争，组内成员就会对掉队的同学进行积极的督促和主动的帮助，促进合作的真正发生。对学生个体来说，通过小组的捆绑评价，他们会增强不仅仅是为了个人学习，也是为了小组学习的使命感和责任感。对于教师而言，评价能让他们及时了解学生个体和学习小组的学习情况，对学生的学习情况，尤其是线上自主学习的过程和效果，进行有效的监督和反馈，从而进行有针对性的个别指导；也能让教师对自己的教学方式和方法进行反思，随时做出调整和改进。

三、评价的原则

（一）评价先行的原则

在混合式教学中，评价是贯穿于整个教学过程中的，评价先行不仅仅是指在教学设计时，根据教学目标设计相应的评价方案，还指活动的实施过程中，要提前告知学生评价的方式和目的。要告诉学生，在教师无法监控的线上学习中，评价只是帮助他们了解自己的学习效果，是帮助他们进行学习的，所以只有认真学习，才能保证线下检测的结果；一味为了得到高分而进行作弊，是没有任何作用的，只会害了自己。而线下的评价是在教师的监控下进行的，是要计入小组和个人量化的，要想取得好成绩，只有通过线上的认真学习和线下的认真参与讨论。尤其是在表现性评价中，更要注意评价先行的重要性，要让学生提前知道表现的标准是什么样子的，怎样做才能得到满分或者优秀。只有这样，学生才会自觉地向标准看齐，在教师的干预下，学生从一开始就明确并理解自己需要达到的目标，在完成任务的过程中可以及时对比和调整，并在任务结束后做出反思，明确当前水平和具体的努力方向。

（二）及时反馈原则

行为学习理论的研究证明，对学生的学习行为和学习结果进行及时和经常的反馈非常重要，行为和结果之间的时间间隔越短，反馈得到的信息价值和激励价值就会越高；频繁地给予小奖励比偶尔地给予大奖励更能促进学生的学习，经常使用一些简短的小测验来评估学生的进步，其效果要好于每隔一段较长的时间进行大考试。

　　心理学上的反馈效应也告诉我们，有反馈才有动力，反馈比不反馈效果要好得多，及时反馈又比延时反馈效果好。及时对学生的学习过程和结果进行积极的评价和反馈，能强化学生的学习动机，增强学生的学习动力。传统教学中，测试成绩和学习结果的评价和反馈比较滞后；混合式学习中，教学平台或软件的使用使得及时反馈成为可能。线上自主学习中，教师可以通过学生自我测试的线上提交，及时了解学生的学习难点和学习效果；也可以让学生通过绘制思维导图梳理所学语法知识，在平台上传，通过同伴互评的方式对学生进行鼓励和评价。线下面对面的活动中，也可以通过平台进行测试，随时了解测试结果，及时对小组和个人进行评价。教师通过信息技术手段对学生的学习行为、活动或结果记忆的及时反馈，有助于自己获取更多信息，从而进行有针对性的指导和支持，促进线上线下学习的有效发生。

（三）个人和小组集体评价共行的原则

　　为了促进小组合作的真正发生，混合式学习模式采取小组整体评价的原则。课堂活动中，通常会对学习效果进行检测。测试后，教师要根据测试结果和前期制定的学生个人的分数基数，计算个人进步分。个人进步分等于测验得分减去个人基数分数，每进步一分计一分，要有最高分数限制，要兼顾成绩好的学生进步空间小、无分可加的情况，可以最多进步10分或15分；如果进步分为负数，则计分为零分。个人进步分也是每个学生贡献给小组的分数，小组得分等于小组所有成员的进步分的平均分。

　　小组得分和个人进步分计算之后，尽快公布小组排名和总分，表扬进步幅度大的学生和表现优秀的小组。可以提供一些特权奖励或物质奖励，或者制作微视频、美篇等，通过微信群和家长进行分享，以使表现优秀的学生得到及时的认可和鼓励，增强学生学习的满足感和成就感。对于表现不好的小组，教师也要及时给予鼓励和支持，帮助他们分析原因，继续努力。

小组捆绑和个人评价同时进行，既保护了学生个体的学习积极性，也促进了小组合作的真正发生。每个团队都要和其他的团队竞争，组内成绩较差的同学会积极地向他人请教，而成绩较好的同学也会主动地帮助成绩较差的同学，合作真正发生了。要运用团队的力量对学生个体进行帮助和约束，使他们意识到，不能因为自己不好好学习而影响整个团队的成绩，增强他们为自己、为团队学习的责任感。

（四）过程评价的建议性和非正式性原则

在混合式教学中，我们除了对学习的成效进行评价，还要注重对学习过程和学习态度的评价，例如让学生对线上自主学习的过程进行自我反思和评价，对自己在小组合作中的态度进行评价。这些评价都是建议性的，指引学生做得更好，达成最后的学习目标。为了让学生更加真实地评价自己，促进反思和进步，这种类型的评价的结果不能作为依据，用来评价学生的优劣，应注意其建议性和非正式性。

四、评价的类型

目前，中小学英语教学评价的主要方式包括形成性评价

（formative evaluation）和总结性评价（summative evaluation）从本质上讲，形成性评价问的是："你现在做得怎样？有什么问题？怎样才能做得更好？"是在教学过程中为了了解学生的学情，及时发现教学中的问题而做的评价。总结性评价问的则是："你过去这段时间做得怎样？"是在一单元、一个学期或者某一特定的教学活动结束后，对教学的最终结果进行的评价。形成性评价或称过程性评价，用来发现学生学习中的优势与不足，并及时进行干预或者调整。形成性评价的有效性取决于评价题目与目标的联系程度，评价结果的及时反馈，评价的频率，等等。例如，进行课上的提问和小测验，并及时评分，都是形成性评价，它给教师和学生提供了反馈，有助于师生一起改善学习效果。总结性评价是在教学单元结束后对学生的知识掌握情况进行的测验，如单元测试、期末考试等。总结性评价也应该与形成性评价及课程目标紧密相联。近年来，不管是基础教育领域还是高等教育领域，都强调老师要多设计和开展形成性评价。混合式语法教学的评价就是以形成性评价为主、总结性评价为辅，所以我们提到的评价一般指的是形成性评价。

评价的主要实现方式是纸笔测试（也称标准化评价）和表现性评价等。纸笔测试是书面形式的测验工具，在纸上呈现标准化试题，学生按题意用笔回答。在日常教学过程中，纸笔测试操作是比较普遍的，可以用来考察学生的语言技能、语言知识、综合分析能力、书面表达能力等。常见的语法纸笔测试的题目包括选择题、用所给词的适当形式填空题、句型转换题、综合填空题等。纸笔测试题较多使用于总结性评价中，也用于课堂教学评价。在信息技术的支持下，纸笔测试题的评价，可以根据需要在线上进行。另一种常见的评价是关注学习过程和学习态度的表现性评价。表现性评价关注的是，学生参与活动并展示自己运用语言知识和语言技能的能力和态度。可以通过观察、评分量表、问卷等方式，运用自评、互评和师评等手段，对学生的表现进行评价。表现性评价可用于测评各种语言知识、语言技能，以及其他与英语学习相关的品格和态度，非常适用于学科核心素养的评价和测量。混合式语法教学模式中，常见的表现性评价任务包括：朗读英语美文、唱英语歌曲、给电影片段配音和表演、讲英语故事、参与小组活动的表现、小组讨论、小组集体的表现和反思、学习任务单的完成记录、学习自我反思和总结等。在混合教学模式中，我们要更新评价理念，努力使测评工作从知识技能立意转向学科素养立意，注意评价方式的多样化，既要关注结果，又要关注过程，积极开展表现性评价，促进学生的学科核心素养的培养与发展。语法混合式教学模式中，线上和线下的评价，需要信息技术支持的纸笔测试和表现性评价交互进行。

第二节 混合式学习评价的内容和方式

在混合式学习中，评价需要考虑的是：什么样的评价方式可以衡量出学生达成了线上自学目标？什么样的评价方式可以衡量出学生达成了线下的合作探究目标？为了达成目标，教师需要给学生提供什么样的资源，怎样保证学生能有效利用这些资源？评价的主体是个人、小组还是教师？什么样的评价方式和方法能评价出学生自学和合作的态度和效果？哪些评价和活动可以在线上实现，哪些评价和活动在线下实现效果更好？怎样对线上和线下教学活动的衔接进行评价？

前面我们提到，评价的的实现方式包括纸笔测验（标准化评价）和表现性评价，不同的评价内容需要不同的评价方式来体现。混合式教学包括线上和线下的学习活动。线上主要是基础知识的学习和应用，是学生根据自主学习任务单的指引，自主观看微课，独立完成学习任务。线上学习的评价内容包括：根据学习目标，设置学习任务中的问题和学生练习的自我评价题目；覆盖整个学习目标的标准化检测题；学生对整个知识点进行回顾和总结的思维导图；对照学习目标，一一核实目标是否达成；还有教师或同伴对学生在整个学习过程中的表现所做的监督性评价。

线下的课堂活动包括：小组讨论，教师答疑；同伴练习，教师点拨；学习检测；合作探究，学生反思，等等。它侧重的是所学知识的在具体情境中的巩固、迁移和创造。其评价内容包括：根据线上学习结果，设置的同伴练习题目；用来评价小组和个人的检测题目；用来进行知识迁移和创造的合作探究的题目；学生对所学知识的反思评价；对小组成员积极参与课堂活动的行为过程的监督评价等（见下表）。

语法混合式学习评价方式和内容				
学习方式	评价内容	评价依据	评价方式	评价主体
线上自主学习	学习任务的完成	问题回答，练习题目	标准化评价	自我评价
	自主学习的效果	自我检测题目，线上数据分析	标准化评价	自我评价 教师评价
	学习目标达成反思	思维导图 自我评价表，"亮、考、帮"	表现性评价	自我评价 教师评价
	线上学习过程	任务单，线上学习数据	表现性评价	教师评价 同伴互评
线下课堂活动	自主学习效果	同伴练习题目	标准化评价	自我评价 同伴互评
	同伴练习效果	检测题目	标准化评价	教师评价
	综合实践任务	活动的过程和作品	标准化评价 表现性评价	教师评价 同伴互评
	线下活动过程	自我反思 学生表现	表现性评价	自我评价、同伴评价和教师评价

一、线上评价的内容和方式

通过上面的表格，我们可以看出，混合式学习中，线上以基础知识的学习和应用为主，对于学习效果的评价多采取完成测试题的方式，具体包括为达成某知识点分解目标而练习的填空题、句型转换题等基础题型，以及学完某个知识点后线上提交答案的选择题。无论是练习题还是自测题，都以学生自评为主。自主学习任务完成之后，学生还要对照学习目标对自己的学习过程和学习结果进行评价和反思。首先，要求学生对所学内容用思维导图进行梳理和整合，在对线上自主学习的内容进行总结和评价的同时，保证所学知识的整体性和系统性。其次，要求学生对照学习目标，评价自己的每个目标是否都已经达成，如果没有达成，则要再次观看视频，直至目标达成。本部分措辞上带有强制完成的语气，是为了保证混合式教学的顺利实施；微课学习的内容，教师在课堂上是不会重复讲解的，所以学生要尽可能达成目标，否则会严重影响课堂上的学习和交流。最后，要求学生提炼自主学习的"亮、考、帮"，学生把自己觉得比较精彩的、让自己受触动的知识或思想，用一两句话表达出来，作为自己的"亮"；自己理解不错的知识，用问题的形式提出来，去考同学，作为自己的"考"；"帮"是指将自己感觉疑惑的内容，以问题的方式表达出来，向同学请教。

此外，教师也要对学生的线上学习过程和态度进行评价。线上的学习一般是通过学生自学的方式完成的，为了保证线上学习的效果，教师需设计量表对学生的线上学习态度和过程进行评价。一般来说，为了保证学生线上学习的积极性，防止学生为了取得好成绩而采取不正当的手段，通常只把学生的学习态度和过程计入得分，而自我检测和练习的成绩则不计入得分。教师对学生的学习态度和过程的评价，一般要以学生完成自主学习任务单和观看微课的认真程度为依据。只要学生认真观看视频，按要求认真完成任务单中的任务，就可以得到满分；反之，即使自我检测题目全部做对，但是没有认真去完成学习任务和观看视频，也不会得到较好的分数。

二、线下评价的内容和方式

线下的课堂学习活动中，以线上所学知识的巩固，以及所学知识在具体情境中的迁移和创造为主。为了保证线上学习的效果和线下学习活动的顺利实施，线下首先开展小组讨论，要求学生在小组内对线上学习中提炼的"亮、考、帮"进行讨论，提炼自己小组的"亮、考、帮。"在讨论的过程中，小组成员互相帮助、互相评价。小组讨论后，教师随机抽查小组讨论的内容，进行口头评价。然后，教师提供同伴练习的标准化题目，对线上学习的结果进行评价和巩固，题目一定要包含线上学习的要点，尤其是学生在自我检测中出错较多的题目，还可以适当补充几个拓展性题目。同伴练习的过程中，要求同伴互相帮助，共同完成，并掌握全部的题目。当然，两人都不会的话，可以寻求组内其他成员和老师的帮助。在学生对练习题目全部掌握后，教师提供和线上自主学习、同伴练习题目所包含的知识点相同的题目，对学生进行测验，并且提前告诉学生，测验的结果会影响对个人和小组进行赋分和评价。为了保证知识在真实环境中的迁移和创造，教师要设计探究性的活动。除了采用常规的测试评价外，还可以根据学生的表现或者作品，对学生或者小组进行以教师主体和以同伴为主体的评价。为避免主观评价的随意性，确保评价的准确性、公正性与可靠性，老师要和学生一起制定评分指南（评价量规）。一般来说，探究性评价的结果要计入小组得分，如果探究性的任务由个体完成，而非小组集体完成，也可以每组抽取同等水平的一人，代替小组进行评价，把评价的结果计入小组。

线下学习一般是在教师的监督下，以合作探究的方式进行的。为了保证线下学习活动的顺利开展，教师除了需要随时对学生在课堂中的表现进行口头评价外，还要设计评价量表，让学生对自己在组内的表现进行评价和反思，以促进小组合作的有效发生。课堂活动的最后，学生也要通过回答"我学了什么""我学到了什么""我还想学什么"来对自己的整个学习过程进行反思和评价。

通过以上对评价内容和方式的分析，我们可以发现，在混合式学习模式的评价中，评价主体可以是教师，也可是学生自己，或者是同伴，评价的内容和方式也更加多元化。除了常规的纸笔测试和表现性评价，教师更需要利用技术支持，获取学生学习过程中的完整数据，对学生进行更系统的评估。教师要把自己从重复又耗时的工作中解脱出来，对于有固定答案的标准化题目，只需要设定好评价的内容和标准，就可以由技术工具来完成评价。对于需要对进行表现性评价的学生作品，如学生绘制的思维导图、小组合作的电影配音视频等，教师也可以让学生通过微信小程序"小打卡"，上传图片或者视频，依据标准进行同伴互评。

第三节 标准化评价题目的编制

一、标准化评价题目编制原则

标准化评价即平常所说的纸笔测试题，也就是有标准答案的题目，只需要评价学生给出的答案，并给出相应的分数即可。标准化评价是教育评价的传统方式，主要考查知识和相对低阶的能力，题目以选择、填空、句型转换等答案封闭题目为主，具有准确、高效、便捷等优势。

无论标准化评价还是设计表现性的任务，都要基于教学目标和教学内容。根据布鲁姆的学习水平分类系统，教学目标分为识记、理解、应用、分析、综合、评价六个层次；教学内容就是指某一个具体的知识点。语法混合式学习的最终目的是，让学生达成使用所学语法知识在真实的环境中表情达意的目标。要想让学生达成这一目标，需要为学生设计具体练习和任务。学生在完成练习和任务的过程中形成对知识的记忆和理解，进而内化和应用，最后达成最高层次的迁移和创造。

学习目标是根据布鲁姆目标分类法中的六个层次设计的：混合式教学实施之初，我们通过对教学内容和学情的分析，确定了低层次的目标，如记忆、理解、应用等，通过线上自主学习的方式达成；高层次的目标，如分析和创造等，通过线下面对面的方式达成。其次，在学习目标的指引下编制了对应的学习任务，学习任务和学习目标是对应的。由此可以看出，设计任务单的过程从整体上来看就是对知识的记忆和理解，内化和应用，迁移和创造的过程。学习目标和学习内容一目了然，有利于编制题目和调整试题难度。

二、标准化题目编制

（一）练手题

练手的题目往往是在课前的自主学习中，针对分解后的小目标，在学生完成问答任务后，进行练习的题目。题目有填空题、翻译题、句型转换题等各种常规题型，目的是让学生在观看完视频后，针对某一具体的知识点趁热打铁，巩固练习。

例如，宾语从句的学习需要学生掌握宾语从句的概念、引导词、语序、时态四个要点。关于引导词这一要点，在学生观看视频或者学习资料，理解了陈述句做宾语从句、一般疑问句做宾语从句、特殊疑问句做宾语从句，分别使用that，if或whether，what、why、who等疑问词做引导词后，紧接着完成下面的练习题目，写出把下面的句子合并成含有宾语从句的复合句要用到的引导词——

题号	主句	引导词	从句
1	I know		Tom is a doctor
2	I want to know		Is Lucy from America?
3	She asks		How does your father usually go to workl?

（续表）

题号	主句	引导词	从句
4	Tom says		Tony didn't watch TV last night.
5	Can you tell me		Where wil your father go?
6	I think		The earth turns around the sun.
7	Let me tell you		What were they doing at this time yesterday?
8	I wonder		Do pandas eat meat?
9	Do you know		Will it be sunny tomorrow?
10.	We know		How long have you been in Beijing?

这种练习的题目只是针对某一个具体的知识点，学生只要认真观看视频或学习材料，就能很容易地完成。因此，只要根据具体的知识点，灵活设计题型即可。

（二）自测题

课前的自我检测，是为了考查学生对知识的记忆、理解和在简单语境下的应用情况。为了方便、准确地提交答案，也为了教师能及时了解学情，多使用选择题的形式，因为网上系统对主观题的辨别存在误差。（教师可以让学生网上提交主观题的答案，进行人工批阅，但是耗时耗力，有时不能及时了解学情。）所以下面重点来说一下语法选择题的编制。

选择题一般是用一个或几个句子来创设一个语境，然后对句中想要考查的语法点进行挖空，给出四个选项，从中选择一个正确选项的题型。根据语法学习的形式—意义—使用的三维语法观，语法考查一定要融于语境之中，题干长度要适中，并提供一定的语言情景，突出语法的表意功能，而且语境要尽可能贴近学生的日常生活，语言的使用要简洁、明确、得体。

选项设置避免无效、多余，选择项和干扰项最好在语言形式上相似，例如，四个选项都用名词或都用形容词。为了了解学生对每个语法项目的掌握情况，每道选择题最好"一题一点"，尽量不要"一题多点"，此外，还需注意选择项本身不能有语法错误。

题目设置完，我们可以对照以下标准对题目进行评价：首先，我们要检查一下考查的内容是否与任务单中的目标和内容一致；其次，要观察所有考点是否包含了任务单中所涉及的所有教学目标；再次，要核实题干创设的语境是否违背了生活常理或者超过了学生的理解水平，题干的描述对于那些理解能力稍弱的学生是否也清晰明确；最后，为了使学生在课堂上有内容可讨论，检测题中要设计挑战性的题目，我们还要核实一下，题目中是否有一两个学生容易犯错误的，或者微课和学习任务中没有涉及到的富有挑战性的题目。

（三）同伴练习题

同伴练习中的题目既是对线上学习效果的巩固，又是为接下来的学习检测做准备。学生要运用同伴学习法，互相帮助，共同完成，加深对知识的理解和内化。题目有填空题、改错题、句型转换题等常规的语法练习题。教师要尽量创设相对真实的语言情境，要求学生在具体的语境中使用所学语法表达意义。

例如，现在完成时的用法（二）：表示动作从过去开始，持续到现在，并且有可能继续持续下去，是初中语法中一个比较难掌握的语法点，仅仅靠课前的学习，学生很难达到对知识的内化。因此，在同伴练习环节，设计了两个题目如下：

1. 两人一组，对下列问题进行问答。

（1）How long have you learned English?

（2）How many new words have you learned so far?

（3）Where do you live? How long have you lived here?

（4）How long has your school been open?

（5）How long have you been in your school /your class?

（6）Who is you best friend? How long have you been friends?

（7）Do you have a bike? How long have you had it?

（8）How long has your English teacher taught you?

2.用所给词的正确形式填空。

（1）I _____ already _____（make）the bed.

（2）They _____（leave）hometown since last year.

（3）When _____ you _____（meet）him? Last night or this morning?

（4）How long has your brother _____（be）in the army?

　　For five years.

（5）He _____（write）five stories so far.

（6）Are you going to see the film?

　　No, I _____（see）it twice, so I won't see it again.

（7）My hometown _____（change）a lot in the last ten years.

以上两个题目，一是要求学生两两合作，根据事实进行问答，以达到在交际中初步运用本用法的目的；二是让学生根据句意，用所给动词的适当形式填空，进一步巩固和内化线上所学内容。

（四）课堂检测题

语法知识的学习都是在一定的语境下进行的，在教学中，我们不仅要重视在语境中呈现语法知识，学习语法知识的形式和意义，更要注意语法知识在语境和某个主题中的使用。文章是语言的载体，每篇文章都是围绕着一个主题展开的，文章中的每个句子都是按照一定的语法规则组成的，在篇章中运用所学的语法知识表情达意，无疑是语法使用的较好形式。

语法短文填空题是近年来许多省市的中考题中常见的题型，着重考查学生的阅读理解能力和对语言知识的综合运用，以及应用所学的语法知识准确地表达意义的能力。语法短文填空题可以用来做同伴练习和课堂检测的题目。

例如，被动语态是一种特殊的句式结构，人们使用该结构主要是强调某个信息的重要性或者使文章更加连贯和自然。被动语态在说明文和科技类文章中使用较多。在学习一般过去时的被动语态时，我们可以设计下面这样的语法填空题：

阅读短文，用所给词的适当形式填空，使短文通顺完整、衔接自然。

Coffee has been a part of people's lives for thousands of years, and today is still a favourite drink of millions of people in the world. Coffee is so popular, but do you know the story of coffee and how it 1. _____ (discover)?

There is an old story that says coffee was discovered in Africa a long long time ago. One day, a farmer 2. _____ (watch) his goats, and he saw them eat some small berries（种子）from a plant. After they 3. _____ (eat) the berries, the goats became very active. The man often felt tired, so he 4. _____ (decide) to try the berries too. Surprisely, he did not feel tired any more. Coffee plants were thus discovered. Then coffee 5. _____ (take) from Africa to Arabia（阿拉伯半岛）, and there it was first used as medicine. The Arabs 6. _____ (keep) coffee a secret for many years. Later, coffee came to Turkey（土耳其）, then Italy, then France. From Europe, the coffee plant was taken to America. People 7. _____ (find) that coffee plants grew well in many parts of South America, so large coffee farms were started, and many coffee plants 8. _____ (grow). On these farms, coffee beans were picked from the plants by hand. Then the beans 9. _____ (dry) and prepared for market to sell. Different coffee beans were mixed（混合）together to produce different kinds of coffee. Coffee10. _____ (send) to all over the world, and soon became very popular.

　　本文是一篇说明文，介绍了咖啡是怎样被发现，怎样被传播到世界各地的，以咖啡做主语，多次用到了一般过去时的被动语态。通过本文的练习，学生能很好地理解被动语态的意义，在具体的语境中辨别句子是不是被动语态。这道题考查了学生对被动语态结构的记忆、理解、应用和分析的能力。

第四节 表现性评价

表现性评价包括三个要素：评价目标、表现性任务和评价标准。表现性评价目标是指我们期望学生达成的学习目标，指向开放性的答案和综合能力，包括知识、行为、技能、态度等方面，在设计评价之初就要首先确定。

表现性评价侧重于评价学生实际解决问题的能力和动手操作的能力，要求学生建构各自独特的答案。学生必须创造出问题解决方法（即答案），或用自己的行为表现来证明自己的学习过程和结果，而不是选择答案。教师需要做的就是为学生创造表现的情境，也就是设计表现性任务，引导学生在任务中表现行为，从而收集学生表现的证据，评价学生在学习目标上的达成情况。

我们在教学中经常发现这样的问题：学生在语法习题测验中能取得很好的成绩，但是在自己的口头表达或者书面写作中，往往又把语法结构乱用一气，不能正确运用语法结构表达自己的意思，这是因为我们在平时的教学中，忽视了要求学生在真实的情境中对语法等语言知识和技能进行迁移运用。通过前期的练习，学生的自我测验成绩即使都很出色，我们也不能想当然地认为学生能够将所学的语法知识迁移到实际情境中去。心理学家们认为，迁移是不可能自动发生的。某个学生在一种情境中掌握了一种技能或概念，并不能保证他会把这一技能或概念运用到新的情境中，即使这个新情境看起来与原来的情境非常相似。语言总是在一定的情境中使用的，如果学生能在相对完整真实的情境中接触、体验、理解和学习语言，那么他们就能够更好地理解语言的形式，加深对语法语用功能的认知。

因此，学习过程中，教师应设计与学生所学内容关系密切的实践任务，同时给学生提供宽松的讨论空间，让学生对所学信息进行加工、改造、重组和迁移，创造性地表达出自己的观点或感受，从而真正实现知识的迁移和创造。

一、表现性任务的设计

我们把混合式学习活动中的表现性任务分成两种类型：一种是指向开放性答案，学生的表现能够生成作业或者作品等物化的结果；一种是没有物化的结果，或者即使有物化结果，也只是用来规范学生的行为，端正他们的学习态度。

（一）主题实践性的表现性任务

在英语语法的学习中，主题实践性任务有思维导图、语法游戏、书面表达、探究性的活动等。探究性的活动是学生根据表现性的评价标准完成探究任务的过程，关于其设计，我们在混合式教学活动环节再详细描述。这里重点介绍一下思维导图、语法游戏和书面表达。

1.思维导图

思维导图的绘制是表现性任务的一种。在课前自主学习中，我们要求学生在完成对应的语法点的学习后，对所学的语法知识用思维导图的形式进行回顾和梳理。思维导图既可以手工完成，教师也可以教学生利用幕布、x-mind等思维导图软件完成。这里需要指出的是，对于比较大的语法知识点，我们通常会分几个课时完成，除了在每一个课时对当堂课所学的语法知识进行梳理外，在该语法知识的最后一个课时，最好要求学生对该语法点进行总结梳理。学生绘制思维导图的过程就是进行头脑风暴的过程，有助于从整体上把握所学的知识，形成良好的认知结构。通过学生绘制的思维导图可以检测出学生的知识结构，以及学生对知识间相互关系的理解程度。

2. 语法游戏

传统教学中，教师往往更多地关注学生对语法规则的掌握，而忽视他们对语法意义的真正理解和在情景或语境中的有效运用，使得语法知识的学习枯燥无味，不容易激发学生的学习兴趣。课堂活动中，教师可以设计一些语法游戏，增强语法学习的趣味性。

案例1：学生对现在进行时进行理解和应用后，我们可以设计下面的游戏：

把全班学生分成三组，一个组随意地在纸条上写出一个或几个同学的名字（当然也可以用人称代词代替）；第二个组每人随意地写出一个动词短语，例如play basketball、have a picnic、take photos等；第三组每人随意地写下一个表示地点的介词短语，例如in the classroom、at home、in a car等。

把纸条收齐后，按内容分成三组。

选三个同学上台，按照主语（学生名字）、谓语动词、地点的顺序读出句子，教师点评。

案例2：填词游戏

在学完形容词和副词的基本用法后，我们可以设计一个填词游戏。

首先，教师给出几个句子。

如：A girl walked across the street.

The bus stopped and a man got off.

要求学生在下面句子的空白处添加形容词或副词：

A _____ girl walked across the _____ street _____ .

_____ , the _____ bus stopped _____ and a (an) _____ man got off _____ .

其次，要求学生思考后写下来。

最后，教师在黑板上写下较好的例句，给出示范。

案例3：编故事游戏

华南师范大学的黄丽燕教授等人慕课课程《如何进行英语教学评价》中，给出了下面这个编故事的游戏，来训练学生对连词、过去时和从句的使用。

（1）把下列四个句子分给学生，每位学生只得到其中的一个句子：①The bus stopped and a girl got off. ②The door was opened by a woman. ③The dog ran into the park. ④There was a boy standing outside the school. 尽力保证得到每个句子的学生总人数一致，给学生 5 分钟时间熟悉各自的句子。

（2）5分钟后，再把班级分成若干个由4人组成的小组，确保每位小组成员所准备的句子不同，即从①到④均有组员准备。小组成员共用5分钟按句子顺序说出自己的拓展句子，并记录一些连接词，将本组4个拓展后的句子编成一个小故事。

（3）5分钟后，教师停止小组间的句子陈述，鼓励各小组以个人或团队汇报的方式大声讲出本组的小故事。

语法游戏属于一种综合实践活动，不仅富有趣味性，还兼顾语法的形式、意义和使用三个方面，增强了语法使用的有效性。由于语法游戏的随机性和生成性较强，评价时应将口头评价和书面评价结合使用。

3. 书面表达

书面表达要求学生在教师创始的语境中表达意义，是培养学生迁移和创造能力的主阵地。

初中阶段侧重培养学生运用英语传达个人对信息的理解、对事件的叙述、进行邀请问候，在指导、合作与自评方式下起草修改短文的能力。应在结合主题语境的前提下，要求学生运用所学的目标语法，从简单应用逐步过渡到具有顺序与逻辑要求的综合应用。

例如，外研版教材中，对过去进行时的学习是在《爱丽丝漫游奇境记》的故事片段中进行的。综合实践环节，教师可以要求学生对故事进行续写。

具体的课堂活动中，教师要求学生完成以下两个任务：

Task1: Where can we use "the Simple Past Tense" or "the Past Continues Tense"?

Task 2: Write down the story using "the Simple Past Tense" or "the Past Continues Tense" properly.引导学生在独立思考后先通过小组合作的方式有目的、有步骤地观察语法项目的应用场景，然后创造性使用过去进行时构建语篇，使语言结构的表意功能在语篇中得到充分的体现。在此过程中，学生很好地理解了过去进行时用来描述故事发生的场景的用法，并进一步在语篇中辨析一般过去时和过去进行时的意义，突破难点，达到培养综合运用能力的目的。

（二）学习行为表现性任务

1.学习记录

学习记录既包括线上学习记录，如观看视频的数据、完成课前自我检测题的网络数据情况，也指学生的书面学习记录，也就是自主学习任务单的完成情况。很多初中生缺乏足够的自控能力和自我管理能力，为了督促和保证学生线上自主学习任务的完成，需要他们给学习过程留下书面记录。当然，这不仅仅是为了督促学生完成课前的自主学习，更主要的是记录学生自主学习的过程，总结学习成果，促进他们思考，引发后期讨论的依据，以此作为他们进行深入学习的基础。自主任务单相当于给学生的统一的作业本，具有统一的格式和模板，要求学生课下按照任务单的指引一步步书面完成。每次学习任务完成后，教师可以收齐，以检查学生作业完成的认真程度，并进行赋分，检查作业时不要求对错，只要学生完成了，就可以根据完成情况加1—3分。小组交流、师生互动环节中，学生可以回过头去检查自己的学习和思考过程，用不同颜色的笔（最好用红笔）来进行批改和标注。课堂讨论后，教师再次收齐作业，检查学生的红笔批注、修改情况，给予适当的加分。最初实施的时候，自主学习任务单的收缴、批改要及时，学生养成习惯后，可以适当减少收缴和批改次数，或通过抽查、小组互相批阅的方式，来减轻教师的负担，鼓励学生互相学习和互相监督。自主学习任务单也相当于学生自主学习的课堂笔记。语法知识点的核心内容，学生对语法问题的回答，语法习题的解答，学习中的疑惑，收获和评价，都以书面的形式被保留下来，很好地体现了笔记在学生在学习、理解相关内容的过程中的助记和概要的功能，学生可以重复使用。

2. 自我评价

我们在课前的自主学习中设置了自我评价的表现性任务，这个任务非常简单，就是要求学生对照学习目标，反思自己的学习任务的完成情况。每一个学习任务对应一个学习目标，能够回答任务中提出的问题，准确无误地解答习题，就完成了任务，达成了相应的目标，只需要在对应的方框内打一个对号即可。如果没有完成任务，重新观看视频，直至任务完成为止。如果实在不能完成，则要在对应的方框内打叉，在课堂讨论中向其他同学请教。同时，学生提炼总结自己课前线上学习的"亮、考、帮"，也是一个自我反思和评价的过程。自我评价任务是学生对课前独立学习行为和结果的自我监督、反思、调整和评价，也是教师了解学情的重要依据。

3. 小组合作

合作学习是课堂学习的主要形式，可以说，从开始"亮、考、帮"的讨论，到同伴练习，再到合作探究任务的完成，几乎每一项课堂任务都需要小组合作完成，小组合作活动贯穿课堂活动的始终。如何通过评价促进小组学习的有效发生，规范小组中每个同学的行为，保证每个成员积极参与，如何评价小组成员的行为、态度表现和效果表现，都是应该思考的问题。

在小组活动中，教师需要针对小组和个人设计评价方式，帮助学习者认识自己知识的掌握情况，以及在活动中的表现。为了确保小组活动的有效性，教师在设计过程中需要关注影响小组活动的各种因素，以保障活动达到预期的效果。在小组活动中存在两种评价，一个是对小组进行整体的评价，另一个是对小组中的个人进行评价，其中对于个人的评价需要放到小组的环境之下，对个人在小组中的贡献做出评价。教师需要通过评价手段让学生明确，是一个团队在活动，团队活动的表现与他们彼此之间的合作密不可分，个人的评价也与他们所在小组的评价直接相关，个人评价起到加强，而不是削弱小组评价的作用。当然，这里有一个前提，那就是教师为小组分配一个属于所有成员的共同任务，围绕着一个共同的目标，小组合作才能真正地发生。

二、评价量规的编制

评价量规（Rubric）是一种结构化的定量评价标准，往往是从与评价目标相关的多个方面详细规定评级指标，用来对学生进行表现性评价。根据评价目的的不同，可以分为面向过程的评价量规和面向结果的评价量规。面向过程的评价量规，可以对学生在学习过程中的态度和行为给出很好的建议和规范，提高他们的学习效率。面向结果的量规是指对学生学习后的作业或者作品进行评价，通过量规的使用，可以指导学生向最优的作品看齐。量规的使用使得评价的标准公开化，降低了评价的主观随意性，帮助学生懂得什么是高质量的学习，什么是高质量的作业或作品。当学生通过量规来对自己和他人的学习过程和结果进行评价时，他们将对学习充满责任心。

评价量规一般包括级别、指标、标准和权重四个部分。级别就是指测量等级，可以是优、良、差，也可以是具体的分数。指标是指从哪几个方面进行评价，例如，对于书面表达，我们评价的指标可以是文章的结构、内容、字数、创新等几个指标，它是一个评价的框架。标准，就是指为每一个等级进行一个详细的说明，比如，书面表达在文章的结构、内容、字数和创新等方面分别达到什么样的标准，可以分别判断为优、良、合格和不合格的等级，要对达成不同等级的标准，在每一个指标方面进行详细的说明或者定义。权重是指每个评价指标在总分中所占的比重，如果各个指标的权重相同，可以不用设计。

那么怎样去设计评价量规呢？首先，我们要根据学习目标确定评价的级别和指标；然后，用具体、可操作的语言给每个指标描述不同级别的评价标准；最后根据需要，为不同的指标设计不同的权重。此外，我们也可以根据量规的制定步骤，设计我们所需要的量规的变体—评分指南。以下是混合式教学中常用的应用于表现评价的量规和评分指南——

案例1 线上自主学习评价量规

指标	4—5分	2—3分	0—1分	权重	得分
微课	能认真地观看微课，对不理解的地方，能反复观看，直到理解为止。	没能认真观看微课，用时较短。	几乎没有观看微课。	×1	
自主学习任务单	能认真仔细地书面解答任务单中全部的问题和习题，并给自己认为的重点和难点做了标记。	能书面完成任务单中的全部任务，书写潦草，不够认真，对重点、难点没有标记。	未能全部完成任务单中的问题和习题，或完成任务较少。	×2	
自我检测	能独立完成检测题，并提交答案，对做错的题目，能主动查阅学习资料进行解答。	能独立完成检测题和提交答案，对做错的题目，没能主动寻求解决办法。	没有独立完成或者没有完成检测题。	×1	
反思和总结	能对线上的自主学习主动进行反思和总结，能提炼出有价值的"亮、考、帮"。	能对线上的自主学习进行反思和总结，但提炼的"亮、考、帮"价值不大。	对线下自主学习的反思和总结存在应付的现象，并且未能提炼"亮、考、帮"。	×1	

案例2 书面表达（过去进行时）评价量规

评价指标	3分	2分	1分	权重	得分
结构和内容	层次分明，脉络清晰，结构完整，富有逻辑性。	脉络和层次不够清晰，结构不够完整，行文逻辑性不强。	结构混乱，内容空洞，行文缺乏逻辑性。	×1	
语法运用	能正确运用过去进行时，没有语法错误。	不能完全正确运用过去进行时，时态混淆，出现少量语法错误。	不能正确运用过去进行时，语法错误较多。	×2	
创新意识	有提示内容外的符合需要的过去进行时的创新应用，且完全正确。	有创新应用，但不是很正确。	完全没有创新应用。	×1	
词数控制	能达到词数要求（除教材提示内容外），70词左右。	与要求词数差距不大，50词左右。	词数较少，不足40词。	×1	

案例3　语法思维导图评分量表

评价 指标	评价标准	得分					建议
		5	4	3	2	1	
整体	思维导图思路清晰，布局和谐，文字、线条等比例恰当，图形绘制整洁、漂亮。						
中心主题和分支	思维导图的中心标题应是所学语法题目；第一级分支的主题应和达成目标对应；第二级分支应是对前面对应内容的概括，关键词提炼到位，有助于记忆；第三级分支应是相应的举例说明。						
颜色和线条等	能使用至少两种颜色来表示层级关系，线条有粗细变化，必要时使用关联、标注和图表等。						
备注：5分表示非常好，1分表示非常不好。							

案例4　小组合作技能评分量表

评价 指标	评价标准	得分					建议
		5	4	3	2	1	
目标	小组成员都在为同一个目标而努力。当小组获得荣誉时，每个人都感到自豪。						
团结 互助	活动过程中，小组成员都能积极参与到活动过程中。在讨论中，每个人都能畅所欲言，每个人都认真倾听别人观点，并能提出问题。没有游离状态的学生，也没有讨论教师规定话题之外的话题的现象。						
	如果有组员掉队，其他人能积极主动地帮助他，没有讽刺挖苦现象存在。						
分工	分工合理，有发言，有记录和整理，有监督，各项工作平稳有序进行。						
备注：5分表示非常好，1分表示非常不好。							

案例5　个人合作技能评分表

评价指标	评价标准	得分		
		3	2	1
陈述	能充分地表达自己的见解。			
鼓励	在小组合作过程中，对表现较好的同学进行真诚的鼓励和赞扬。			
道歉	做错了事情，能真诚地进行道歉。			
求助	遇到不会的问题，能积极地求助小组其他成员。			
求同	能礼貌地与不同观点持有者交换观点和看法。			

注：1分表示非常不好，2分表示一般，3分表示非常好。

案例6　小组学习过程评价表

得分姓名	线上自主学习情况					课堂学习活动						课后作业	个人最终得分	小组最终得分
	自主任务单	微课	自我检测	思维导图	亮考帮	课堂检测	个人基础分	个人贡献分	小组平均分	探究活动	自我反思			

备注：

1.线上学习活动和课后作业以是否完成，以及完成的认真程度，计入个人和小组入得分。课堂学习活动中，个人贡献分、小组总体进步分（平均分）和探究活动得分，计入个人和小组得分。

2.此表可用于教师评价和小组自我评价。

第五节 信息技术支持下的评价

混合式学习中，教师要充分利用信息技术开展评价。信息技术支持下的评价是指对信息环境下的学习资源、学生作品和学习过程的评价，以及使用信息技术收集、积累数据，并自动化处理数据，结果呈现可视化的过程。信息技术支持下的评价，在具有数字平台或智慧课堂的环境下很容易实现，如果没有以上两种环境，教师个人也可以通过移动终端实现。

混合式学习中，除了常规的纸面试卷，打印评分量表对学生的学习表现进行现场打分外，教师要充分利用信息技术开展评价。借助简单易用的信息技术工具和网络平台，教师可以更加快捷方便地进行常见的教学评价工作。教师可以利用信息技术对学生的学习效果、学习过程和学习态度进行评价，使用信息技术处理、积累、可视化收集到的数据。

一、"每日交作业""问卷星"等形成性评价工具

（一）"每日交作业"

"每日交作业"是一个简单易操作的微信小程序。如果学生手里有纸质题目，可以制作答题卡。教师让学生上传答案，并实时反馈。当然，教师也可以根据需要上传题目。下面简单介绍"每日交

作业"的答题卡制作过程。

1.微信小程序中搜索"每日交作业"，完成注册并邀请学生进入班级。

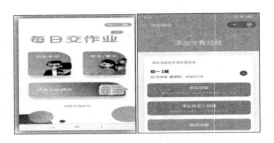

2.进入"每日交作业"小程序，点击左上角的加号，进入布置作业界面，可以通过文字、图片、视频、语音，甚至是链接文件，来布置作业。作业布置完成后，点击下方的答题卡，可以为单选题、多选题、判断题、填空等题目设计答题卡，然后设计作业答案、提交的截止时间、作业的提交格式等内容，发到自己任教的班级。我们还可以点击"练习"选项卡，新建练习，批量添加所需的练习题目后，根据需要进行设置后发布。

3.设定的提交作业的时间到了，可以在小程序的首页查看所任教班级的作业提交情况，点击查看作业详情，可以查看到每个学生

的提交情况和详细的对错情况。教师可以根据需要，对学生进行评价，或者录制视频讲解学生出错较多的题目。

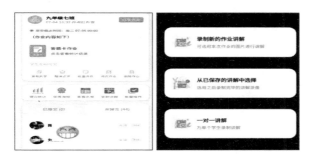

4.作业或者活动过程，除了教师评价，还可以设置为同伴评价的方式，增强师生之间、学生之间的互动。

5.教师可以把学生的成绩、小组活动的过程、小组的反思记录等拍照传到"每日交作业"的相册中，上传图片前可以对图片进行描述或备注。当然，学生个人也可以上传图片记录自己或小组的成长过程。

6.此外，"每日交作业"小程序还具有其他许多功能，例如打卡、给学生颁发奖状、班级分组等，实在是一个功能强大、操作简单的工具。

（二）"问卷星"

"问卷星"是功能强大的在线调查平台，广泛应用于问卷调查、在线测试、网络投票等领域，拥有各种常用的问卷和测验试卷的模板，便于教师对学生的日常学习进行诊断性评价、形成性评价以及终结性评价等。

1.手机下载、注册并登录"问卷星"后，点击右上角的"创建"按钮，选择"考试"选项卡，给自己的考卷编辑题目后，进入试卷编辑页面。点击"添加题目"（例如我们输入"被动语态"）

后，页面上会出现单选、多选、填空等题目类型，我们以单选题为例，介绍一下答题卡的设计。

2.打开"考试单选"页面，在标题中输入单选题，然后根据需要添加选项，在四个选项中依次输入A、B、C、D，随便勾选一个答案，设置分数后点击"确认"按钮。

3.接下来，我们就可以看到我们编辑的题目，题目的序号是自动给出的，如果试卷上有十个单选题目，我们点击下方的"复制"按钮，复制十个题目。然后打开"编辑"选项卡，重新勾选每个题目的正确答案。我们还可以根据需要对题目进行"上移""下移"或者"删除"操作。如果试卷中不止一种题目类型，可以点击下方的"添加题目"按钮，添加填空题、简答题等题目。设置完成后，点击下方的"保存"按钮后，就可以发布并分享了。

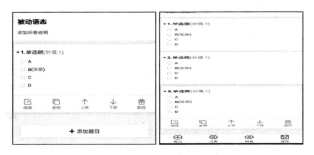

4.学生完成答卷后，我们可以在首页点击我们编辑的试卷，进行结果查看。通过查询"统计结果"，我们可以看到每一个题目的完成状况，并且让结果以图形的方式可视化呈现。

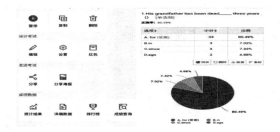

当然，我们也可以通过点击"详细数据"选项，了解每一个学生的答题情况，或者点击"详细数据"，导出所有学生的成绩，进行分析和评价。

此外，像"接龙小管家"等微信小程序，也具有在线提交答案功能，而且这些软件或者微信小程序都可以在电脑上进行操作，教师们可以根据自己的需要或者爱好选择使用。

二、电子档案袋评价

（一）什么是档案袋评价

档案袋评价是近年来深受专家和学者推崇的一种评价方式。义务教育课程标准中也提出可以建立学习档案袋，记录学生在学习过程中所做的努力或取得的成绩。档案袋能为学生提供一个自我展示空间，让学生体会到自己的进步，从而调动学习积极性，提高自我监控和自我管理能力。建立学生的档案袋时要有一份总体计划，我们需要考虑几个问题：

1. 使用档案袋的目的是什么？

也就是说，依据教学内容的要求或者学生的需求，确定档案袋评价的目标，是运用档案袋收集学生的优秀作品进行展示和评价，还是评价学生对某一阶段学习过程的记录、展示和感悟等？

2. 需要什么样的材料？

档案袋收集的内容可以是学习任务单、思维导图、小组反思、小组活动照片、小组自我评价表，以及配音、朗诵、歌曲演唱等材料；形式可以是图片、文字、音频、视频等。

3. 怎样呈现这些材料？

是线下用纸质档案袋的形式收集和整理，还是利用信息技术工具来展示？运用什么样的信息技术工具来展示？是单一展示，还是把所有的作品合成展示？

4. 应用什么标准来反思和评价这些材料？

也就是要制定档案袋评价的方法和标准。档案袋评价的主体可以是学生及其同伴，也可以是教师；评价方式可以是给分数、定等级、写书面评语或进行口头评价等。评价标准包括档案袋的封面（封面设计是否呈现必要的主题、收集者、日期等基本信息），目录（目录是否清晰、对应相应的页码），内容（收集的内容是否与评价目标一致，是否具有代表性和针对性，排列顺序是否合理，有逻辑），形式（形式是否符合要求，制作是否精美），等等。

（二）电子档案袋评价

作为一名信息时代的教师，我们应该积极利用数字化形式收集、整理、提炼学生学习过程中的"学习作品或学业表现"，形成系统、连贯的"学习成长记录"；并在此基础上，根据自己的实际状况和信息技术条件选择适合自己的信息技术工具，开展"电子档案袋评价"，对学生的学业进程和最终表现进行评价。

1. 简单的电子文件夹系统

教师可以根据学习过程的需要，在电脑桌面上建立以小组为单位的"学习文件夹"，并在整个学习过程中收集学生的学习作品（音频和视频等）、学习活动照片、心得体会等，将其分门别类地放入不同的文件夹中，这是最简单的应用方式。

2. 基于网络工具的电子档案评价

许多简单易用的网络工具可以用来进行电子档案袋评价。这些应用的好处是，我们可以根据某一目标在学习过程中让学生随时上传自己的作业或者作品，记录他们的成长过程，也可以在学期末或某一阶段结束后再一块儿上传。

　　"每日交作业"的"相册"选项具有电子档案的功能，可以作为电子档案袋系统来使用。而且，在"每日交作业"小程序上，每一个学生都有自己的账户，教师通过跟踪记录学生作业完成的次数、作业完成的时间和质量、学习内容报表等内容，可以直观地了解学生参与学习的状况。

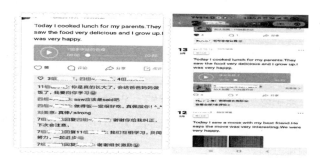

　　"小打卡"小程序也可以用来作为学生电子档案袋评价实施的平台。我们可以在"小打卡"小程序上建立某一主题的打卡群，要求学生个人或者小组在学习过程中在平台上传自己的作品，并指导学生对作品进行互评，记录他们的学习过程。这些都是非常有效的电子档案袋评价方法。

　　为了激发学生的学习热情，让他们对自己的学习负责，我们可以在一个学期或者某一个学习阶段结束后，指导学生以美篇、数字化故事、电子书等形式，来记录、保存和分享学习过程，或者展示优秀作品。

（1）"美篇"

"美篇"是一款大家都很熟悉的图文创作分享应用工具，支持插入图片、背景音乐和视频，可任意排版，覆盖web及移动各端，解决了微博、微信朋友圈只能上传9张图片的问题。学生可在"美篇"上图文并茂地呈现自己或小组的学习过程、学习作品和感悟等。教师和学生制定评分标准对作品进行评价。

（2）"数字故事"（电子书）

"数字故事"（Digital storytelling）是指在学习活动中编写故事，配以图片、字幕、音乐、视频等多媒体元素，创造可视化故事的形式。"数字故事"能够在网络上进行传播和交流，对培养学生的表达能力、解决问题的能力、创造力、信息素养等起着积极作用。制作数字故事的常用工具有PPT、Focksky、"美篇"、"剪映"、"小年糕"等。下面以简单易操作的"小年糕"为例，说一说数字故事的制作过程。

学期末，我们可以要求学生制作以小组团结协作为主题的一组数字故事，并对小组进行评价。学生需要先整理一段时间来能体现小组团结协作精神的照片或者视频资料：小组一块儿探讨的照片、小组获奖的照片、小组表演的照片、小组作品图片、关于小组成员反思感悟的图片或视频资料等。素材整理完成后，开始进行创作。

第一步，手机下载"小年糕"APP，注册登录后，点击下方的"制作影集"按钮，然后按照一定的逻辑顺序上传整理好的素材。

第二步，为自己的"数字故事"选择模版和音乐，并为素材添加字幕（每一张图片不超过32字）后，输入故事标题，讲一讲影集背后的故事（不超过480字）。以上操作完成后，就可以提交制作，然后进行分享了，非常简单。

对以上"数字故事"，可以从主题、技术、故事内容和创新等

方面设计评分指南进行评价。

评价指标	评价标准	权重	得 分		
			3	2	1
主题	素材选取能与主题吻合，描述准确，概括性强，能突出主题。	2✘			
技术	画面效果好；背景音乐能与故事的起承转合相契合；播放时间能控制在 5 分钟左右。	2✘			
故事内容	故事真实，背后故事不少于400字，描写富有逻辑性，感染力强，给人以思考、启迪。	2✘			
创新	故事组织形式新颖，画面的展现形式独特。	1✘			

总的来说，档案袋评价可以让学生成为学习与评价的主体，体现学生个性。通过收集和整理学生档案袋，教师可以掌握班上每位同学的学习情况，同时增强学生的责任感和成就感，锻炼他们的自主学习能力，使师生之间、同学之间更加和谐。

第五章

教学活动设计和实施

第一节　教学活动的内涵

　　根据逆向教学设计的过程和方法，除了设计教学目标、教学评价，还要设计好教学过程中的教学活动。在"一体化"的教学设计中，目标是引领，评价是保证，活动是关键，教学活动的设计和实施对实现教学目标来说至关重要。那么什么是教学活动呢？教学活动是指为了实现教学目标，教师和学生在课堂内外所采取的所有的策略和行动。在混合式学习中，教学活动涵盖了教学行为的方方面面，既包括教师针对学习目标进行教学设计，制作或获取微课，设计任务单，设计课堂各个环节的流程，并在整个过程中对学生的学习进行引导、帮助、监督和评价等一系列"教"为"主导"的行为；也包括学生在线观看微课，完成学习任务，进行学习反思和自我评价等一系列课前学习行为，以及参与课堂讨论，进行练习和测试，还有探究活动等一系列"学"为"主体"的行为。

　　混合式学习模式中，学生通过课前的自主学习实现针对知识点的个性化学习。由于微课可以重复观看，学生基于学习系统，可以进行自主评测。因此，个性化学习是有保障的，学生可以有效地达成知识目标。知识目标达成后，我们还需要通过开展有效的教学活动，促进学习者思维、能力、情感态度、价值观的发展，进而实现高阶认知目标。对于混合式教学模式，课堂活动设计为：基于学生观看微课、完成任务的情况，以及完成测验的结果、学习反思等课前任务的完成情况，分析学生在知识点的理解、掌握方面存在的问题。在此基础上，针对较为普遍的问题，设计相应的任务，促进学生对知识的巩固和内化；创设相对真实的情境，让学生以个人或者小组为单位，通过老师的组织和引导，在真实的情境中使用所学知识来解决问题，从而达到迁移和创新的目的。

通过前面的分析，我们可以看出，混合式学习中，教学活动包括教师、学生、学习内容和学习环境四个要素。教师是教学活动的设计者和发起者，起着主导作用；学生是教学活动的参与者和实践者，是教学活动的主体；学习内容是学生所要学习的具体知识和技能；教学环境指线上还是线下，在家还是在校，个体还是小组，等等。理解教学活动的要素，能够帮助教师更好地根据学习内容和环境的特点，组织合适的教学活动，从而提高教学的科学性和有效性，保证学习目标的顺利达成。

第二节　STAD 小组合作模式和对分课堂

　　总体来说，混合式学习中，除了学习前的准备和设计，学习后的评价和表彰，教学活动主要包括教师（微课）讲解、学生自主学习和合作学习等方式。混合式教学中如何把这些活动方式有机地整合在一起呢？为了更好地理解混合式学习模式，我们有必要看一下STAD小组合作模式和对分课堂这两种学习活动模式，因为这是我们进行语法混合式教学活动的基础。

一、STAD 小组合作模式

（一）STAD 小组合作模式概述

　　STAD（Student Teams-Achievements Divisions）学生小组—成就区分法模式是由美国约翰·霍普金斯大学教育研究与改革中心主任罗伯特·斯莱文教授及其同事研发的。STAD模式是一种非常有效的合作学习的模式，通过设计组间竞争、组内合作的机制，推动学生掌握所学的知识和技能，适用于中小学（2—12年级）各学科基本知识和基本技能类，具有明确目标（有标准答案）的知识的学习。当然，这种方法通过与其他更为开放的评价方式，如表现性评价相结合，也适用于目标不是很明确（没有标准答案）的学习任务。

STAD学习时，四名学生被分为一个学习团队，该团队包含了不同学习成绩、不同性别以及不同族裔的学生。教师先呈现课程，然后团队内的学生一起学习，以保证团队中的所有成员都掌握了这一课。最后，所有学生都参加对该部分课程的测验，测验时不能相互帮助。将学生的测验分数与他们过去的平均成绩相比较，根据学生的进步程度，来给予一定的积分，这些积分的总和即为团队分数。如果团队分数达到某个标准，则可以获得证书或其他奖励。

STAD由以下三个步骤的固定循环组成：教学、混合能力分组的合作学习以及小测验，对组员成绩大幅进步的团队给予认可或其他形式的奖励。罗伯特·斯莱文教授在他的著作《教育心理学理论与实践中》介绍了STAD在教学中的具体操作流程，我们概述如下：

第一步，根据学习成绩将学生分为每组4至5人的团队，4人最好，只有当班级人数不能等分为每组4人时，才安排5人组。要保证团队成员在成绩、性别、等方面尽量平衡，多出来的（中等）学生可以作为团队的第五名成员。为了增强团队的凝聚力，团队成员要共同为自己的团队起一个名字，团队学习时采取团坐的形式。

第二步，教师为要教授的课程设计一页练习题和一份小测验，告知学生，在团队合作学习期间，团队成员的任务就是掌握课程中呈现的材料，并帮助团队中的其他成员掌握材料。然后分发练习题（每个团队两份），同时提供习题答案。先独立完成，然后两两合作核对答案，要让学生互相解释答案，而不只是根据教师提供的答案来核查彼此的答案是否正确。当学生有问题时，教师要求他们先向同伴提问，然后再问教师。所有的成员在练习上能得满分，才算完成了学习任务。当学生以团队方式活动时，教师在班级中走动，表扬那些表现好的团队，和团队坐在一起聆听，了解他们的进展。

第三步，教师分发测验题或试卷，要求学生务必独立完成。可以让不同团队的学生互评试卷，或者将试卷收上来，由教师课后评分。评分后，教师给出个人和团队分数。STAD中的团队分数是根据团队成员成绩的进步程度来确定的。每次测验后，应尽快地给出每个团队的分数，最好在测验之后的下节课就通报团队的分数，这可以使学生明确优良表现与得到认可之间的关系，进而增强努力做好的动机。计算团队分数的方法是：将团队成员提高的分数加起来，然后用这个总分除以当天参加测验的团队成员的人数。最后对优秀团队进行表彰，认可团队的成就。

罗伯特·斯莱文教授还建议，在实施STAD大约五六周后，将学生重新分组，这可以使不同的学生在一起活动，也可以保持学生对该活动方式的新鲜感。

（二）混合式学习和 STAD 小组合作模式

混合式学习模式中融合了STAD小组合作学习的教学步骤，也借鉴了STAD的团队评价方法。STAD的团队评价方法体现了学生团队学习法中关键的三个合作原则，即小组奖励、个人责任、成功机会人人均等。其计分机制体现了"不比优秀比进步"的理念，每个人不是和别人比，而是和自己的过去比，保证了每个学生不管其学业水平在哪个档次，只要努力或者只要小组成员互相帮助，就可以为小组做出贡献，保证了每个学生的成就感和积极性，并促使他们对自己的学习负责，增强了对于小组的责任感。同时，每个团队都要和其他团队竞争，保证了组内成绩较差的同学会积极地向他人请教，而成绩较好的同学也会主动地帮助成绩较差的同学，合作真正地发生了。

二、对分课堂

（一）对分课堂概述

对分课堂是由复旦大学心理系张学新教授创设的一种强调师生双方主体性发挥的新型课堂教学模式。张学新教授创立的"对分课堂"的教学新范式，为个性化时代教育的变革开辟了新的路径。传统的讲授式课堂是在教师主导下完成教材内容的展示，教师注重对既定内容的传授，传授知识系统、高效，但是上课的过程就是学生按照教师的预先设计进行配合的过程，课堂上的交流和互动基本上也就是教师问，学生答，学生时时、事事配合教师，处于被动地位。在被动参与的情况下，学生缺乏学习的主动性和积极性。针对传统课堂中的讨论环节，张学新教授一针见血地指出其弊端所在：新知识讲授完，学生在没有对知识充分内化、吸收时进行的讨论是缺乏深度和意义的，很难取得良好的效果。后来针对传统教学方式改革的讨论式教学，提升了学生的主动性和参与度，但知识学习的系统性不强，效率不高。而且，由于种种原因，课堂成了少数学生的"秀场"，大多数学生成了"看客"。结合传统课堂和讨论课堂的优势和不足，张学新教授通过在传统课堂中引入讨论，并优化其组合方式，提出了"对分课堂"的教学模式。

张教授将原有的讲授法和讨论法进行解构与重构，进行取舍折中，提出了"对分课堂"的新型教学模式。对分课堂的核心理念是把一半课堂时间分配给教师进行讲授，另一半时间分配给学生，让他们以讨论的形式进行交互式学习。即把传统课堂中的"即时讨论"变成"延时讨论"，从而提升讨论的深度和效果。对分课堂把教学活动分为三个过程：讲授（presentation）、内化和吸收（assimilation）、讨论（discussion），也简称为PAD课堂（PAD Class）。

对分课堂的"讲授、内化和吸收、讨论"三个阶段，可以更细致地分为"讲授、独立学习、独立做作业、小组讨论和全班交流"五个环节。

1. 教师讲授阶段

教师的讲授是整个流程的开端，但教师不必像在传统课堂中那样讲得面面俱到，对分课堂的讲授原则是精讲和留白。在对分课堂上，教师要从宏观层面凝练紧凑地做引导性、框架式讲授，讲解学习目标和所学内容的框架、重点、难点。同时，教师讲授时要注意"留白"艺术，留给学生主动探索的空间。要做到精讲、留白，教师就需要在充分研究的教材和学情的前提下，解决"讲什么，留什么，讲多少，留多少"的问题。

2. 知识的内化和吸收阶段

知识的内化和吸收是指课后学生进行独立思考和完成作业的过程。完成作业是连接讲授和讨论的中间环节，作业要明确、具体，具有较强的针对性和适当的难度。针对性就是指针对课堂上教师讲授的内容；适当的难度是指要让学生在独立学习过程中产生问题，允许甚至鼓励学生在作业中犯错误。如果学生在作业完成中没有错误，就无法产生足够的问题，随后的讨论环节也就无事可做。

当然，并不是说错误越多越好，问题过多或过少，都不是理想的作业。这需要教师在设置作业时具有较高的专业素养，并能充分了解学情。

3. 讨论阶段

讨论阶段分为小组讨论和全班交流两个阶段。小组讨论环节是学生围绕作业中自己发现的问题，以及收获和困惑，交流沟通，共同分析和解决问题。解决不了的疑难问题，通过全班交流的方式来解决。在小组讨论的过程中，教师要巡回督促，并提供适当的帮助。全班交流阶段分为教师抽查、自由提问和教师总结三个环节。教师首先进行抽查，随机抽查某几个组的某几个学生，要求学生发言时以"我们组……"开头，强调表达的是小组的观点，而非个人的观点。然后，教师要求全班学生自由发言，无论个人还是小组，有遗留问题的都可以提出来，教师给予解答。最后，教师用几分钟的时间做简单总结，将学生遗漏的需要深化的问题进行总结。全面交流阶段的主要特点是，学生提出问题，教师来解答，因为这个阶段提出的问题往往是大多数同学都解决不了的一些高层次的问题。同样的问题，由教师来解答更能保证讲解的质量，学生也会更加受益。对分课堂强调，小组讨论、教师抽查、自由提问、教师总结这几个环节的顺序很重要，是不能变动的。

对分课堂的核心理念是权责对分。原本拥有更多权利的教师，主动释放权利，与原本相对弱势的学生平分权利，共同承担责任。也就是说，在对分课堂中，教师和学生拥有的权利和责任是对等的。对分课堂在教育理念上还有一个非常重要的核心观点，即不以成败论学生，学生是否知道了正确答案并不重要，善于思考、积极提出问题才是第一位。在对分课堂上，学生会独立自主地学习，主动地发现问题，积极寻找解决问题的方法，学会与他人合作解决问题，并学会在同伴中表达自己的思想、困惑和见解，从而培养合作互助和独立自主的精神。

（二）混合式学习模式和对分课堂

对分课堂通过中间阶段的内化和吸收，把讲授法和讨论法结合起来，很好地发挥了讲授法和讨论各自的优势，具有非常好的教学效果。

混合式学习模式整体上来看，和对分课堂的"隔堂对分"的模式是非常接近的：微课是由教师针对学习内容制作或提供的，学生学习微课相当于听老师讲授；根据微课完成自主学习任务单上的任务，是对知识的内化和吸收；课堂上，学生在教师的指导下进行小组合作探究学习，可以被视为对分课堂的讨论阶段。而在混合式学习模式中课堂上，又可以根据具体的内容采取当堂对分的学习模式。

更主要的是，混合式教学模式中的反思阶段，借鉴了对分课堂的"亮、考、帮"部分，让学生提炼微课学习和完成学习任务过程中的收获和疑难，在课堂之初展开讨论。"亮、考、帮"是对课前自主学习的提炼，是课堂讨论的支架，是连接课前学习和课堂学习的纽带，可以说，它把线上自主学习和线下面对面学习完美地结合在一起。

第三节 混合式学习活动的原则

STAD小组合作模式的优势在于，通过集体评价的方式使小组成员之间实现了积极的互相依赖的关系。学生们一起学习，完成学习任务，为共同的学习目标而努力，每个人都要为自己和他人负责，体现了"小组目标+个人责任=合作学习"的核心思想。小组合作也在对分课堂的学习中占据了非常重要的地位。小组讨论环节是学生围绕作业中发现的问题，特别是"亮—考—帮"中自己的收获和困惑，交流沟通，共同分析和解决问题。解决不了的疑难问题，通过全班交流的方式来解决。在小组讨论的过程中，学生互相展示自己的作业成果，分享学习心得，互相解答疑难问题。小组讨论结束后，教师首先随机抽查三四个小组，每组再随机抽查一名学生，分享小组讨论的精华和组内尚未解决的问题，对分课堂要求学生发言时以"我们组……"开头，强调表达的是小组的观点，而非个人的观点。

STAD模式和对分课堂在设计上都体现了"以学生为中心"的教学理念。"以教师为中心"的满堂灌的教学方式剥夺了学生的话语权和表现权，而"以学生为中心"的教学方式通过小组合作、同伴练习、课堂讨论、小组评价等环节，把课堂还给学生。学生在小组合作中互帮互助，互相监督和支持，在尊重教师权威的前提下，释放了个性，为自己的学习负责，为自己的团队负责。这也是

STAD模式和对分课堂能够取得成功的关键所在。

混合式学习中，小组合作学习是贯穿于学习活动的整个过程的。线上的自主学习表面上是学生自己学习，但是学习的过程要计入小组学习档案，学习的收获要在小组内进行分享，学习的困惑要在小组内求助，线上学习的态度和过程要接受小组其他成员的监督和评价。每个同学在自主学习时都不是孤独的，背后都有团队其他成员的鼓励和支持；线下的课堂活动，从小组讨论到同伴练习，再到合作探究，几乎所有的活动都是在组内共同完成的。独立完成测试的成绩，更是每个成员为小组所做的贡献。课后的小组评价和表彰，也是以小组为单位的。所以说，在混合式学习中，小组学习无时不在，无处不在。小组合作学习贯穿于混合式学习活动的整个过程，是基于以下几个方面考虑的——

一、基于社会发展的需要

1970年，财富500强企业要求的前三大技能是"阅读、写作和数学"，而到了1999年，排在前三名的三大技能变成了"团队合作、解决问题和人际交往"。信息时代的发展，对人才提出了更高的要求。未来人类需要思考更复杂的问题，而这些问题往往是单个人解决不了的，社会的分工也越来越精细，所以合作是未来大部分人工作的必然形态。每个人都要与各种各样的人打交道，要学会彼此倾听和理解，互相尊重和欣赏，利益和成果共享。哈佛大学的瓦格纳在《教育大未来》里提到了七种"关键力"，其中就有"跨界合作与以身作则的领导力"。

进入21世纪以后，美国教育界普遍认为，如果想适应全球化的21世纪，学生必须是沟通者、创造者、思想家和合作者。从2002年起，美国国家教育协会（NEA）历时两年的时间，制定了一份基础教育"21世纪学习框架（Framework for 21st Century Learning）"，提出了人才培养的18种要素，即美国版核心素养的前身——21世纪技能。随着时间的推移，教育工作者们逐步意识到这个框架过于复杂（主要是条目太多，记不住）。为了解决这个问题，美国国家教育协会采访了诸多领域的专家。所有人几乎一致同意4C能力是是21世纪最重要的能力，也是未来人才培养的关键目标。

4C主要包括四个方面：沟通能力（Communication）、合作能力（Collaboration）、批判思维（Critical Thinking）和创新能力（Creativity）。沟通能力指有效地利用口头、书面，甚至非语言的沟通技巧来清晰地表达思想和观点；能够有效倾听深层意图，包括知识、价值观、态度、目的等；会使用各种沟通手段与技能，例如通知、指导、激励、说服等；会使用多种媒体、信息及通信技术，并知道如何评估其影响和有效性；能够跨语言跨文化实行有效沟通。与他人合作的能力指具备有效合作的能力，能尊重各类差异化的团队；在完成任务的过程中，学会向团队其他人做出必要的妥协，并掌握妥协的灵活性、原则和意愿；能够与团队成员共同承担责任，协同工作；能珍视每个团队成员的个人贡献，等等。批判性思维指有效的推理与思考能力，运用系统化的思维能力，做出判断和决定的能力，解决问题的能力，等等。创新能力指创造性思考，有创新地进行工作的能力等。

团队合作中，团队成员就某一问题进行讨论，向同学请教或求助，指导他人的学习，可以有效地发展学生的表达能力和倾听能力，从而促进沟通能力的提高。在讨论的过程中，可以批判性地接受他人的观点，提出自己的观点。在思维的交流碰撞中，可以产生新的火花，促进学生的创新能力的发展。同时，小组合作也非常有利于问题的解决。因此，我们可以看出，在教育教学中，团结协作的能力可以看作发展其他各种能力的基础。培养学生的合作精神，有助于发展和提高他们的其他核心技能。

二、基于初中生心理发展的特点

线上线下相融合的混合式教学模式，以其学习时间和空间的无限拓展，课堂由课内到课外的延伸，学生由共性走向个性的特点，吸引了许多中小学教师来探索。但一番操作下来，很多教师发现，学习目标很难达成。这是因为线上自主学习中，虽然学生有微课和任务单等学习支架，但由于缺乏有效的监督和评价，对于自制力较差的中小学学生来说，效果很难保证；线下的教学活动还是采用传统模式，没有任何创新，也导致了混合式模式无法真正落到实处。在以初中生为学习主体的混合式教学中，如何保证线上和线下学习的有效性？只有让混合式教学模式符合当代初中生的心理特点和发展需求，才能有效提升学生的实践应用能力和创新能力。

初中生的年龄大概在12—15岁间，他们开始进入青春期，这个时期，随着生理的变化，心理也相应地产生变化。心理学研究表明，这一阶段的孩子非常在意其他人是如何看待自己的，朋友变得比以往任何时候都重要，他们渴望从同伴那里获得归属感，也乐于帮助他人。这是自我意识开始建立、人格开始形成的时期，也是自尊和自信形成的时期。他们非常在意自己在"外人"面前的形象，希望得到老师和同学的认可，表面上什么都不在乎，实际上从众心理很重，既想标新立异，又担心脱离集体。同时，他们有了一定的评价能力，独立性获得较大发展，但自制力较差，容易受外界影响。STAD小组合作方法中的评价方法，即运用团队的力量对他们的学习进行帮助和约束——不能因为自己不好好学习而影响了整个团队的成绩，增强他们为自己、为团队学习的责任感。同时根据学生的进步幅度来评分，这样不管学生原来的水平如何，他们只要努力取得进步，就可以为小组做出显著的贡献，体现了机会面前人人平等的原则。整班教学中，常常依照绝对成绩评价学生，后进学生的贡献比不上优秀学生，严重打击了后进生的积极性。而在合作学习模式下，即使基础较差的学生，也可以为小组做出巨大的贡献，这使得他们"倍儿有面子"，增强了成就感，树立了进一步学习的信心。在实施的过程中，我们还会发现，越是成绩稍差的同学，积极性可能会越高，因为他们有很大的进步空间，相对来说，可能比成绩好的同学更容易取得进步，所以对团队分数上的贡献会更大。当然，我们也必须注意到，他们的进步离不开团队内其他同学的帮助。所以在进行表彰时，一定不要厚此薄彼，尽量做到公平公正。

此外，为了增强小组之内的合作和小组之间的竞争，在具体的实施过程中，我们也可以要求学生在完成合作学习之后，将不同小组中水平相近的人组织到一起进行竞赛，根据比赛名次计算其对小组的贡献分数。这个方法的好处是，每个学生不论基础如何，是与自己水平相近的人比赛，通过努力，都能为自己的小组做出贡献。

三、基于全面发展和立德树人的需要

除了考虑初中生心理发展的特点之外，还有一个问题是我们必须讨论的：一个班的学生的发展水平总是参差不齐的，如何才能关照到所有的学生？对于这个问题，许多人给出的答案就是"分层教学"。然而，在目前这种班级授课制度下，"分层教学"是很难真正做到的。而且，奥克斯等研究者通过调查研究，发现"分层教学"不仅没有缩小学生之间的学力落差，而且加大了这种落差，最主要的原因在于"分层教学"中不同层级的实际学习内容存在着质的差异。这源于教师对各个层级的不同期望，对"上位"组偏重于"创造性思维""批判性思维""推理与逻辑"等高级能力的教学，而对"下位"组则降低期望，重点放在"学习态度""基本知识和技能""学习习惯"等低级能力的教学上。久而久之，两者的差距越拉越大。

混合式学习过程中，怎样结合初中生的心理特点，保证线上线下的学习效果，同时做到关注每一个学生的发展和进步呢？"合作学习"应是最佳答案。众所周知的"学习金字塔"理论是美国学者埃德加·戴尔在1946年提出的，他用一个经典的实验告诉我们一个道理：要想让学生记住较多的知识，小组讨论、实际演练/做中学和马上应用/教别人是必要的，这些活动都和合作学习有关，戴尔称之为主动学习。

　　哈蒂在《可见的学习》一书中指出："合作学习的有效性似乎是放之四海而皆准的共识，特别是把它与竞争学习和个别学习相比较的时候。"如果我们一味强调"竞争"，可能会妨害学生形成正确的成就动机，让学生习惯于将自己的成就感建立在战胜别人之上，而不是对学习本身的兴趣上。同时，竞争的奖励是属于少数人的，竞争会让那些没有获得成功的人变得更加沮丧和气馁，让他们在任务中变得更易放弃。与之相反，合作可以实现小组的共赢。小组的成功，会使更多人获得成功的体验。如果小组遭遇了失败，组内成员之间的互相鼓励和支持也会帮助他们走出失败的阴影。而竞争情境下的失败者，只能独自吞咽失败的苦果，甚至要承受来自胜利者的嘲笑和歧视，这绝不是我们愿意看到的。

　　佐藤学在他的《学校的挑战：创建学习共同体》一书中指出，所谓"学习"，是同客体（教材）的相遇与对话，同他人（伙伴与教师）的相遇与对话，同自己的相遇与对话。我们通过同他人的合作，通过多样的思考碰撞，实现同客体（教材）新的相遇与对话，从而产生并雕琢自己的思考。从这个意义上说，学习原本就是合作性的，原本就是基于同他人合作的"冲刺与挑战的学习"，即学习是与自我、与他人、与教材之间的交流和对话。从这个意义上说，学习就是合作。

　　因此，新时代背景下，我们结合初中生的心理特点，关注每一个学生的进步和发展，积极营造合作共赢的学习氛围，利用小组合作的力量支持、帮助、鼓励、监督和评价学生的混合式学习。由此，让成绩较差的学生在与同伴的共同学习中获得支持、帮助、鼓励和归属感；成绩处于中游的同学在合作中找到自己学习的榜样，更加合理地规划设计自己的学习；成绩较好的同学在合作中充当"指导者"，获得帮助他人的快乐和成就感，让自己的知识更加系统化。合作学习对学生的智力和非智力因素都能产生积极作用。在合作学习中，学生可以发展自己的认知水平，学会与他人相处，体会学习的快乐和成就感，收获友谊和成功。

第四节　小组合作的成功要素

　　小组合作学习的研究者们依据学习的目的，把小组合作学习分成两类：一类被称为小组学习，即学生们在小组中一起学习、互相帮助，来掌握一套界定相对良好的知识或技能，小组讨论、同伴练习掌握相应的语法知识，就应该属于这一类；另一类经常被称为基于课题的学习或主动学习，如学生分组活动、撰写报告、做实验、设计或做出其他成果。学生们以小组为单位分工收集小组学习档案，进行探究活动，例如给电影某个片段配音等。

　　研究者们做了100多项实验，研究了合作学习法与传统的课堂教学法在学习成效方面的差异。结果表明，如果能满足以下两个关键条件的话，合作学习的效果一定优于传统教学：第一，对有成效的小组给予某种认可或小的奖励，这样小组成员就可以意识到帮助组内其他成员的学习是有价值的；第二，实施个体负责制，即小组的成功依赖于小组中所有成员的个人学习情况，而不是单一的小组成果。比如必须根据小组的各成员在测验或小论文（如STAD）上的平均得分来评定小组成绩，或者学生必须独立地负责小组任务中的某一部分（如小组调研）。如果没有这种个体负责制，则很有可能某个学生会承担其他人应该做的工作，或者有些学生在小组互动时被排斥在外，因为他们被认为对小组毫无贡献。对合作学习方法的这些研究表明，合作学习中若将小组目的和个体负责制结合起来，就能对学生所有科目的学习都有积极的影响。

还有研究人员在总结前人研究的基础上，归纳出了成功的合作学习所具有的五个关键特征：积极的相互依赖、促进性的互动、个体责任、合作社交技能和小组过程反思。

积极的相互依赖是和消极的相互依赖对应的，它包括目标上的相互依赖、角色上的相互依赖和奖励上的相互依赖。共享的小组目标是合作学习的开始。当人们感到个人目标只能和合作中的其他人的目标一同达到时，他们之间就会存在积极的相互依赖关系，参与者会彼此支持，从而达成最终的目标。而当人们感到个人目标的达成建立在对手不能达到自己的个人目标的前提之下时，他们之间就存在消极的相互依赖性，这时参与者会相互妨碍，以使对方不能达到目标。

促进性互动，是指学生在积极地相互依赖的前提下，进行思想上的交流与互助，并彼此提供情感上的鼓励与支持。如果缺乏积极地互相依赖的环境，互动就会缺乏动力和积极性。

个体责任感也是在积极地互相依赖的前提下激发出来的，和前面提到的个体负责制是一样的。每个人既对自己的学习负责，也要对整个小组负责，都要积极地为小组做贡献。自制力较差的学生认识到自己的表现会影响到小组的整体表现，就会产生为小组学习的责任感。程度较好的个体也会主动意识到自己的责任，当他们认识到自己目标的达成离不开其他成员目标的达成时，他们就会主动积极地帮助他人。

合作社交技能是指领导能力、决策能力、建立信赖关系，以及交流和解决冲突的技巧。在小组合作中，学生要学会理解和尊重别人，善于倾听，既要存异，也要求同。教师要教给学生沟通交流的技巧，并在整个学习过程中，关注每个学生的表现，帮助学生化解小组随时会出现的矛盾和冲突。

过程反思是指需要教师提供有效的反思支架，帮助小组对整个合作过程进行有效的反思，反思小组合作的成功之处和不足之处，反思自己的不足之处，寻求改进的方法，等等。

明白小组合作成功的要素，有助于我们在混合式教学中有意识地向这些成功要素靠拢，提高线上线下学习的有效性，保证混合式学习的成功。

第五节　学习活动的设计和实施

前面我们提到，混合式学习中，教学活动包括教师针对学习目标进行教学设计，制作或获取微课，设计任务单，设计课堂各个环节的流程，并在整个过程中对学生的学习进行引导、帮助、监督和评价等一系列以教为"主导"的行为；也包括学生在线观看微课，完成学习任务，进行学习反思和自我评价等一系列以学为"主体"的行为。根据活动的主体的不同和活动发生的时间顺序，我们把混合式学习分为准备活动、课前自主学习活动、课中小组讨论、同伴练习、独立测试和探究、课后小组评价活动。

一、准备活动

（一）分组

进行合作学习的前提是对班内学生进行分组。混合式教学活动实施之初，教师要充分了解自己所教班级的学生的学习基础、班级人数、男女生的比例、学生之间的关系、学生的性格特点等，在此基础上进行分组。分组时，教师还要了解本班学生的总体学习成绩和单科学习成绩，尤其要对那些语文、数学成绩不错，但英语成绩不好的学生了如指掌，多加关注，因为这些学生有可能是后期英语成绩大幅进步的"潜力股"。

教师先将学生分成若干个由4—5人组成的学习小组，每组4人是最佳选择，如果班内人数不能等分时，可以考虑5人小组。如果英语教师本身就是班主任，分组很好办；如果英语老师不是班主任，要在和班主任沟通好的前提下，尽量按英语成绩进行分组，按一次或几次英语成绩的平均分，分成"组内异质，组间同质"的四人小组，每个组内一个优秀生、两个中等生、一个学困生。这样，如果一个班级人数为40人，正好可以分成10个小组。小组中4个同学的成绩应是高—中—中—差的组合。如果班内人数为41人，就需要有一个5人小组，这个5人小组的学生组成为1个优秀生、3个中等生、1个学困生，即高—中—中—中—差的组合。这样的组合可以尽量保证公平性和均衡性。小组的划分在每学期中可以根据学生成绩的起伏进行变动，但变动次数不宜过多。

（二）为每个学生设定一个基数分数

STAD中的团队分数是根据团队成员成绩的进步程度来确定的。这是小组取得成功的关键。因此，分组之后，教师要根据学生前期的一次或几次成绩平均分，给每个学生设定一个基数分数，这个分数可以是一个学生一个样，也可以每个小组能力相当的同学的起点分是相同的。例如，每个组1号同学的起点分为90分，2号同学的起点分为85分，3号同学的起点分为75分，4号同学的起点分为65分等，然后根据测试成绩计算进步分（贡献分），最高不超过10分，组内同学的贡献分加一起为小组得分。随后公布小组总分和排名，表扬优胜小组和进步10分的学生，给予物质、精神或"特权"奖励。STAD建议每个测验满分30分，这样对于经常考满分的学生，老师设定的起点分就应该是20分，保证这样的学生还会经常得到表扬。对于成绩特别差的同学，起点分数可以稍低于平时的成绩。这个基数可以在一段时间后根据学生的进步情况进行调整。教师应该为每个学生、每个小组建立学科成绩档案，关注每一个学生、每一个小组的变化。

二、线上学习活动

课前的学习活动中，首先是教师根据线上学习目标设计自主学习任务单，开发微课视频、设计练习题和测试题（微课的制作和获取和任务单的设计在后面的章节中专门讲到）。学生在自主学习任务单的指引下，自主观看微课视频或其他学习材料，书面完成学习任务后，利用检测题进行自我检测，有不明白的地方，再次观看视频，最后根据评价和反思环节的要求对自己的学习结果进行总结和自我评价。学习任务，自我检测和评价，以及反思环节都务必独立完成。

在线上学习活动中，有几个关键词——自主、书面、独立，这是线上学习必须遵循的原则。

（一）自主

传统的教学方式以教师和课堂为中心，讲什么，讲多长时间，侧重点是什么，都由教师自己决定。对于某个知识点的讲授，受教学进度等因素的影响，教师不可能保证每个学生都听懂了，才进行下一个知识点的讲授。这样，所有的学生都跟着教师的速度进行，即使有的学生个别地方不明白，也要跌跌撞撞地跟着老师的思路走，学生没有决定自己重点听什么、听几遍的权利。在整个学习过程中，教师控制着学生的学习进程和学习活动，学生是没有自主权利的。在混合式的线上学习中，虽然学习的内容也是教师预先设定好的，但是学生有了一定的自主学习的空间，他们可以自主决定学习的时间和地点，可以自主决定学习的进度，对不懂的地方可以反复看、重点看，根据自己的学习程度选择快进或者后退，甚至可以查看和新知识有关的、原来自己没有掌握的内容的视频。他们可以在任务单的指引下，对自己的学习结果进行自我检测和自主评价。学生是学习活动的主控者，混合式学习中的线上学习，使得学生对自己的学习活动有了一定的掌控能力。

（二）书面

大部分初中生缺乏足够的自控能力和自我管理能力，为了督促和保证他们完成线上自主学习任务，学习过程需要留下书面记录。当然，要求学生书面完成学习任务单，不仅仅是为了督促他们完成课前的自主学习任务，更主要的是，自主任务学习单记录了学生自主学习的过程，是总结学习成果、促进思考、引发后期讨论的依据，也是进行深入学习的基础。

自主任务单相当于给学生的统一的作业本，具有统一的格式和模板，要求学生课下按照任务单的指引一步步书面完成。学生完成学习任务后，教师可以收齐，检查学生完成作业的认真程度，并进行赋分，不要求对错，只要学生完成了，就可以根据完成情况加1—3分。小组交流、师生互动时，学生可以回过头去检查自己的学习和思考过程，再用红笔来进行批改和标注。课堂讨论后，教师再次收缴作业，检查学生的红笔批注、修改情况，给予适当的加分。

需要注意的是，最初实施的时候，自主学习任务单的收缴、批改要及时，学生养成习惯后，可以适当减少的收缴和批改次数，或采用抽查、小组互相批阅的方式，减轻教师的负担。教师要鼓励学生互相学习和互相监督。

自主学习任务单相当于学生自主学习的课堂笔记。语法知识点的核心内容，学生对语法问题的回答，语法习题的解答，学习中的疑惑、收获和评价，都以书面形式被保留下来，很好地体现了笔记在学生学习、理解相关内容的过程中的助记和概要功能，有助于学生理解知识，以及后期复习或遗忘时重复使用。

（三）独立

课前的微课学习，完成学习任务单中的学习任务，自我检测，对自己的学习效果的反思和评价，都必须由学生独自完成，不允许其他人提供帮助。任务单是连接课前学习和课堂学习的核心环节，学生是否独立完成，是混合式教学能否取得成功的关键。

强调课前的独立学习，可以让学生对自己的学习更负责，促使每一个学生都抱着高度认真的态度去完成任务。在独立学习的过程中，学生更容易解决简单的问题，增强学习的成就感；同时大胆地提出自己疑惑的问题，在课堂上带着强烈的兴趣和好奇心，在和同伴、老师的交流中进行探究。强调独立学习，更有利于培养学生的专注能力。如果在学习的过程中，允许学生向家长或者同学求助，势必会让学生学习分心，影响其独立思考。独立学习让学生的注意力全部集中到学习任务上，独立学习的过程就是一个培养学生的专注力的过程。强调独立学习也有利于培养学生的自主学习能力，学生会根据需要对自己的学习行为做出调整和改进。当一个人能够较好地做到独立学习的时候，其实他已经具备了基本的自我认识和自我管理能力，也就具备了自主学习的基本能力。独立学习，尤其是独立完成检测题，更有利于教师了解学情：每个学生的学习到底达到了什么程度？对学生来说，难点在哪里，共性的问题是什么？教师可以通过学生课前提交的检测题进行分析，在上课时才会胸有成竹。

需要特别指出的是，要求学生独立学习意味着在教学评价上做到"不以成败论英雄"。对于学生完成任务单的情况，教师不要以对错来评价，而只是以完成的认真程度来评价，只要学生认真完成，就应该得到教师满意的评价。任务提交之后，教师也要及时地对学生完成的认真程度进行及时的反馈。同时，教师要告诉学生独立完成学习任务的重要性，要求学生把任务单当成自己课前学习过程、对学习结果的反思的记录；要让学生明白，做作业不是为了应付教师，而是为了帮助自己更好地学习。虽然不以线上学习的效果和自我检测的成绩来对学生的学习结果进行评价，但为了让线上学习更有效，教师还是要让学生知道，他们的学习效果会直接影响课堂学习的成绩，进而影响自己和团队的成绩，以此来保证学生对线上学习的高度责任感。

总之，线上学习就是一种主动、自觉、独立的学习。学生在学习动机、内容、策略、时间和条件等方面，都能自觉选择和调控。同时，学习活动中有同伴无形的监督，学习后能够做好总结、反思和评价，这是一种学生自己主宰的学习活动。

三、线下课堂学习活动

本着为自己和小组负责的学习态度，学生自主观看微课视频，书面完成学习任务，独立完成练习，独立评测后，对自己的学习效果进行反思和评价，保障了课前学习的效果，有效地达成了线上学习目标。由于线上的目标一般是"知道""理解"等低层次目标，我们还需要通过开展有效的面对面的教学活动，促进学习者思维、能力、情感态度、价值观的发展，进而实现高阶认知目标。而要达成这些目标，线下活动的设计除了遵循任务设计的目标导向性和ARCS的原则之外，更应体现拓展性、生活化和实用性的原则。

拓展性是指教师在确定学生已经掌握所学语法知识的基本内容的前提下，设计促进学生对知识深度理解的题目，如某些知识点的特殊用法，某一知识点与其他知识点的区别和联系，等等；生活化和实用性是指题目的设计要更注重解决实际问题，与学生的生活经验相联系。教师设计与学习者紧密关联、能够引起学习者注意的题目，激发学生完成学习任务的兴趣，通过各种教学策略和学生互动，引导学生在实现知识建构的同时，实现分析、评价及创新能力的发展。在此基础之上，通过拓展，实现知识的应用迁移。

混合式学习模式下的课堂活动流程有小组讨论、同伴练习、独立测试和合作探究。这四个环节即说明了完成活动的主体：小组、同伴或者个体；又点出了完成活动的方法：讨论、合作、探究。但是，我们需要提醒学生牢记的是，无论哪种活动，活动的过程和效果都会直接影响个人和小组的成绩。

（一）小组讨论

学生以小组为单位，在教师的组织下，展开小组讨论，小组成员按一定的顺序依次提出自己的"亮、考、帮"，组内其他同学给出评价、回答和帮助。组内同学解决不了的问题，学生可以随时向老师求助。"亮、考、帮"的设计来自张学新教授的对分课堂模式，是指学生线上自主学习的最后环节，反思线上学习的收获和困惑，以"亮、考、帮"的形式提炼出来。"亮"是指"亮闪闪"，学生学习后总结出学习过程中自己感受最深、受益最大、认为最精彩的内容，让自己很受触动的知识或思想；"考"是指"考考你"，学生自己认为理解不错，但是觉得别人可能存在困惑的地方，以问题的形式提出来后，到课堂上去考同学；"帮"是指"帮帮我"，学生在学习过程中把自己出错、有疑问的地方，或想要进一步了解的内容，以问题的形式提出来，在讨论时向同伴或教师求助。

"亮、考、帮"和传统意义上的作业不同，它是学生对自己学习过程和学习结果的总结与反思，是随后进行课堂讨论的素材和支架。课堂讨论的核心内容是学生反思的"亮、考、帮"的内容，这种有的放矢的讨论使讨论更高效，学习更深入。张学新教授指出，为了使学习更有成效，教师还可以规定具体的"亮、考、帮"数量，比如，要求学生必须提交"亮闪闪""考考你"的问题，或几个"帮帮我"的问题。典型的问题由教师答疑。这既是对线上所学内容的复习和巩固，又是对所学知识的进一步理解和升华。

本环节设置的目的是联系线上与线下、课前与课堂，同时向学生表明，教师可以看到学生所有的课前学习情况，以保证线上学习效果。教师要通过学生的课前测试和学生完成自主学习任务单的情况，了解学生的自学效果，以便在教学中提供基于证据的学习支持和评价，并在学生讨论时，巡视每个组的同学，进行适时答疑，并就共性问题进行集中答疑和讲解。

（二）同伴练习

教师给出提前设计好的针对所学新知识的相应练习题和答案（练习题的设计一定要针对线上学习的重点和难点），教师要求团队内的学生先两两合作（或三人合作），然后通过做题后互相批阅的方式来掌握教师所讲的新知识。对于做错的题目，学生要通过互相讲解的方式弄明白为什么，如果两个人都不会，可以请教另外一组同学；如果大家都不会，可以问教师，最终要保证每个学生都100%掌握。在同伴练习环节中，教师一定要告诉学生，练习题是用于学习的，是用来对自己和同伴的学习效果进行检查，对所学知识进行内化和巩固的，这会直接影响接下来的测试结果。当然，根据英语学科的特点，同伴练习环节不一定必须书面完成，也可以根据实际情况安排口头练习。同伴的支持和帮助更有利于学生完成题目，教师要鼓励同伴互教互学，学生不会的地方，教师可以随时解疑答惑。在实际的应用过程中，在分组练习环节中，可以根据教学内容的需要，增加一轮或两轮，进行强化训练。

（三）学习检测

学习之后，教师要对学生进行一次测验，测验的题目应和学生自主学习的题目和同伴练习的题目高度相关，"学什么，考什么；讲什么，测什么"。教师的命题一定要以教—学—评一致性为抓手，以提升师生教学相长的成就感和满意度为方向，不要过多关注成绩，更要重视测试题对教学的反拨作用，从而提高混合式教学效率，减轻学生的学业负担。

学生必须独立完成测验。教师收齐卷子后批阅，最好以纸质方式进行，便于老师批阅，以及学生修改保存和随时翻阅。如果时间允许的话，最好随堂反馈和讲解，测验的成绩计入小组和个人量化。如果知识点过于简单，或者某一课时只完成了一个大的语法中的一部分，自我检测也可以不进行，在大的语法项目完成后统一进行。

（四）探究活动

探究活动具有项目学习的特征。项目学习又称基于项目的学习（Project Based Learning），是指从真实世界中的问题出发，通过组织学生扮演特定的社会角色，借助多种资源开展探究活动，强调运用学科的基本概念和原理，在一定时间内解决一系列相互关联的问题，将结果以产品或作品的形式表现出来。探究活动对学习方式提出了更高的要求，要求学生合理运用认知策略和元认知策略开展自主、探究性学习，在教师精心设计的真实情境中联系生活，选择恰当的学习资源，运用所学知识自主或合作解决问题，并在此过程中发展能力。

设计探究活动需要考虑的要素包括探究的主题、目标、探究的任务、活动过程、结果呈现、评价方式等，还需要考虑探究的主体是个人还是小组。对于技术支持的探究活动，还需要考虑如何运用技术有效整合和分享学习资源，怎样用技术促进学生间的交流和合作。探究活动的完成需要一定的时间和教学资源，一般情况下，在课堂上是不可能完成的。因此，活动的完成可以和作业的设计相结合，课内和课外相结合，给学生充分的时间和空间。

混合式语法教学中，教师可以把语法学习和手工制作、调查汇报、表演等结合在一起，引导学生将某一语法点作为切入口，从课内走向课外，从教材走向网络资源；利用各种优秀的网络资源，融合语言知识、语言技能等学习内容，达成语言能力、思维品质、文化意识、学习能力等维度的学习目标，体现英语学科课程整体的育人要求，与教学形成互补。

混合式语法教学模式下的探究活动，可分为制作型、调查型、表演型等。如以假期旅行为主题学完一般过去时后，可以要求学生制作一个电子相册，配以英语旁白，介绍自己假期的经历，这属于制作型作业。也可以让学生制作某一种食物，用英语记录所需物品及制作步骤等。调查型是指根据某一主题开展采访（interview）或调查（survey），整合后形成报告。例如，在以事故为主题学习过去进行时后，教师可以创设情境，让学生扮演不同的路人，由一名学生扮演警察，调查不同的人在事故发生的时候具体在做什么，并以小组为单位形成报告。探究活动的类型也可以是表演型。将某一语法点和英语歌曲、英语小说、英语电影融合在一起，开展演唱、剧本表演、影视剧配音、讲英语故事等探究活动，这是英语学习中最常用的方法。

例如，现在完成时，表示的是过去发生或完成的动作对现在造成的影响或结果。想理解此知识点，必须创设大量的语境，这是初中阶段比较难的一个语法点。该语法点的的学习和使用，可以结合英语电影《丁丁历险记》进行。这部电影中讲述的是，丁丁因为一艘古老的船模，开始了一次历险。这艘名为独角兽号的模型船，隐藏着一个海盗和财宝的故事。为了解开这个流传了几个世纪的秘密，丁丁和白雪一起不断寻找线索，寻找真相……电影中大量使用了现在完成时的句型，探究活动中，教师可以设计如下的活动过程：

任务1：认真观察*The Adventures of Tintin*中的截图，根据汉语提示完成英文台词内容。

1. - I have to say, your face is familiar. _____(我以前画过你吗)?
   - Occasionally.
   - Of course! _____
     (我在报纸上见过你)
     You're a reporter?
   - I'm a journalist.

2. -Snowy! _____(他跑哪去了)?
   Snowy! _____(你去哪了)?
   Chasing cats again?

3. -What is it about this ship?
   _____
   (为什么这么多人关注它)?
   What secrets do you hold?

4. - Well done, Snowy! Good boy.
   Well, well, well _____
   (我们好像抓到贼了).

任务2：观看电影片段合集，核对答案后，从中选择自己最喜欢的一个电影片段进行配音并进行展示。

任务说明：活动开始之前，教师需要根据学生的水平，选择合适的电影片段，运用技术手段把片段进行合成。任务1需要在课堂上完成，可以先让学生自主完成，小组进行讨论后形成组内的统一答案，然后集体观看合成后的电影视频片段，核对答案，看一下哪个小组做对的最多。任务2中，选择自己最喜欢的片段进行配音，以小组为单位进行，或以个人为单位进行。以个人为单位进行，要求学生在家制作配音视频，上传平台进行展示，教师或者同伴根据评分量表进行评价。以小组为单位展示，可以在课堂内进行，针对某一片段，小组合理分工后，在全体同学面前进行展示，然后根据评分量表，对小组整体进行评价。

需要注意的是，一般情况下，如果能把电影片段中有关现在完成时的句子准确地翻译并表演出来，学生对现在完成时的掌握就已经相当不错了。但是对于某些地方或某些班级，如果学生整体基础较好，教师可以设计任务3，要求学生用现在完成时创作一个小片段，内容可以来自学生的真实生活，也可以虚构，重点培养学生的创造能力。由于学生理解能力有限，本部分应主要由教师进行评价。也可以设计任务4，观看电影*The Adventures of Tintin*，向同伴复述丁丁的冒险经历和自己的观后感。可以要求学有余力的学生进行选做，上传视频到网络平台。教师组织学生进行评价，对于优秀的，可以计入小组得分，以增强学生的积极性。

以上几个任务，难度是依次递增的，教师可以根据学生的实际情况，有选择地进行，不一定面面俱到。

（五）小组反思

在线上线下的学习活动中，一定是会有反思嵌入其中的。个人和小组可以通过反思来不断调整努力的方向。但是有效的反思一定是在教师的引导下进行的，教师要给出引导性的问题和框架，如在线上学习中，"亮、考、帮"就能很有效地引导学生的自我反思。通过前面的描述，我们知道小组合作贯穿混合式学习的整个过程，如何进行有效的小组反思？我们可以用AAR思考框架来引导小组进行反思。

AAR模型即After Action Review（行动后反思），来源于美国陆战队的实战经验。它是一个应用反思的工具，可用于对某项活动进行总结反思，结构化步骤的引领使反思更具有针对性和导向性。通过对某一活动的专业性讨论，使小组成员明白发生了什么、为何发生，以及如何维持优点，并改进缺点。

AAR模型要求在活动发生后，通过小组讨论，尽快进行活动后的反思和总结，小组讨论要回答五个核心问题：我们期待的结果是什么？实际发生了什么？造成这种差异的原因是什么？从事件中我们可以学到什么？下次如何行动更好？要求小组在讨论的过程中，共同反思总结哪些方面做得好，可以继续发扬光大，哪些方面做得不好，在以后的活动中需要改善。同时需要反思，个人在活动过程中学习到了什么，有什么经验和教训。所有小组成员都务必参与进来，一起讨论，一起反思，并为发言做好记录。以后的活动中要做的事情，以下表的形式具体翔实地记录下来——

多做……	少做……
开始做……	停止做……

这个表格可以以小组的形式进行呈现，也可以由小组每个成员制作。

AAR会议主要用于活动后的反思，目的在于发现问题，分析问题，从而解决问题，所以一定要避免把它开成批斗和表扬大会，脱离反思总结的初衷。

在混合式学习模式下，独立思考和教师讲授是非常必要的，而小组合作更是必不可少的。小组合作能增强每一个学生对于学习的责任感，使学习和探究活动顺利进行，保证线上线下学习目标的顺利达成。实际上小组合作学习早已经是中小学教学的常态，许多学校学生的座位安排都是以小组为单位进行。如果学科分组和班级分组不一致，教师可以要求学生在上英语课时按英语分组就座，以更好地实现小组合作。

第三部分

混合式教学支持

第六章

微课的制作和获取

第一节　微课制作的基本流程

一、微课的定义

学术界对于微课有广义和狭义两种定义。例如，以郑小军教授所说的广义微课，指的是"为支持翻转学习、混合学习、移动学习、碎片化学习等多种新型学习方式，以短小精悍的微型流媒体教学视频为主要载体，针对某个学科知识点或教学环节而精心设计开发的一种情景化、趣味性、可视化的数字化学习资源包"。狭义的微课只是指微视频，不包括其他的学习材料。例如，焦建利教授把其定义为"以阐释某一知识点为目标，以短小精悍的在线视频为表现形式，以学习和教学应用为目的在线教学视频"。杨上影教授说："微课是一种以短视频或HS等新媒体为载体，将知识点或技能点（重点、难点、疑点、热点等）按照一定结构组合并视听化呈现的，并进行网络化传播的教学资源。"本书中涉及的微课指的是这种狭义的微课。

二、课件录屏式微课制作流程

微课的制作方法有很多，如拍摄式、卡片式等。对于教学用微课来说，使用课件制作内容，然后运用软件进行录制和剪辑，是最受广大中小学教师欢迎的方法。我们来简单说一下课件录屏式微课的制作流程。

第一步：整体设计

首先，我们根据所要讲授的内容，对微课的设计目标、内容框架、录制方式等进行整体规划，理清思路，并以此为蓝本，进行课件的制作。例如，关于现在完成时的用法（二），我们的设计思路如下：

微课题目	现在完成时用法（二）
学习对象	八年级学生
微课设计目标	让学生理解现在完成时（二）的意义，并掌握下常用的时间状语及注意事项。
教学策略与方法	*Seasons in the sun* 歌曲导入，创设情境分析现在完成时（二）的意义、常用的时间状语，以及注意事项。
内容框架思维导图	
制作方式	录屏式
特色与创新点	将抽象的语法知识点生动形象化，创设情境，联系学习者的生活实际，帮助他们理解现在完成时的用法并学会运用。

第二步：制作课件

根据教学内容和教学的实际需要制作课件，是微课制作最基础也是最关键的一步。好的课件不仅要做到目标明确，思路清晰，结构完整，还要做到简明扼要，重点突出。微课虽"微"，但也应具有一堂完整的课堂所具备的导入、主体和小结等基本环节，这是做课件时必须注意到的。

第三步：制作微课脚本

微课脚本是指配合每一张幻灯片播放的解说词。对于制作微课的新手来说，把自己要讲解的内容、要说的话提前写下来是非常重要的。可以通过书写解说词，进一步梳理自己的思路，精简语言，也便于后期的保存和反复修改。

第四步：解说词语音化

解说词写完后，我们可以通过手机或电脑上的录音软件进行录音，也可以通过微信小程序配音口袋、配音鸭，或者文字转语音软件，进行语音合成。这样的软件和微信小程序非常多，可以根据自己的喜好进行选择应用。

第五步：录制课件

接下来，我们可以听着自己录制或合成的音频，用课件自带的录制功能、EV录屏、剪辑师等软件进行录屏，将语音文件和幻灯片的播放进行匹配。

第六步：合成微课

最后，我们可以用剪辑师、剪映等软件导入视频和音频文件，对细节进行剪辑后输出MP4格式的视频，一个微课视频就完成了。

三、用 Focusky 制作微课

除了借助多种软件或小程序进行视频的录制和合成外，我们还可以在某些软件中直接导入课件，生成视频。Focusky 就是这样一种软件。

第一步，电脑上打开Focusky软件界面，在"打开＆导入"选项下点击导入PPT新建项目。

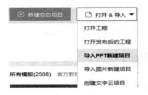

第二步，依次选择自己想要的布局方式、模板，开始创建工程。

第三步，在左边的功能区点击想要编辑的幻灯片页面，点击页面中的音频标志，可以对课件进行录音。

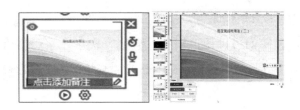

第四步，如果我们对自己的录音不够满意，可以对课件进行配音操作，并添加字幕。此外，我们还可以点击选项，对声音和字幕进行设置。

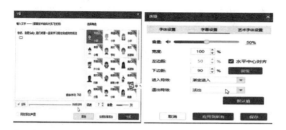

第五步，我们可以根据需要对课件中的文字、图片等元素进行动画设置和其他设置，最后导出视频。Focusky的功能非常强大，老师们可以去研究使用。

四、视频录制画中画的效果

有时候，微课的制作需要真人出境的效果，我们也可以通过对一些软件进行简单操作来实现。

1.腾讯视频录制实现画中画效果

第一步，在电脑上登录腾讯视频会议，预定一个会议，进入该会议后，点击左下方的视频按钮，这时我们的影像就出现在视频会议中。

第二步，点击下方的共享屏幕按钮，同时点击人像画中画选项，然后确认共享。我们就可以在电脑上播放课件，这时我们的影像就出现在屏幕上，我们可以随意拖动影像到任意合适的位置。一切准备就绪，就可以打开电脑上的录屏软件，或者用腾讯会议自带的录像功能进行录制了。

2. 芦笋软件实现画中画效果

芦笋是一款极简的录屏分享工具，提供了 3 种录制方式（只录制屏幕／只录制人像／录制人像+屏幕），可以同时录制人像、声音、屏幕。电脑端注册登录后点击想要的模式，然后点击开始录制即可，录制完成后可以在线分享视频链接，非常简单易操作。

五、视频的剪辑

有许多视频剪辑软件，例如剪辑师、Camtasia studio、剪映等都是比较常用的。实际上，各个剪辑软件的使用方法是大同小异的，学会了一种剪辑软件，也就触类旁通了。下面以剪映为例，简单说一下视频的剪辑过程。

第一步，电脑端登录剪映，点击导入按钮，把需要剪辑的视频（音频或者图片）等导入软件中，拖入下方的轨道中。

第二步，视频点击播放的过程中，我们就可以根据需要，利用导入视频界面上方和下方的操作键对视频进行分割、删除、转场、添加文本等编辑了。此外，我们还可以点击软件右边的时间线按钮，把时间线放大，对视频中的某一句话，甚至某一个词，进行剪辑。

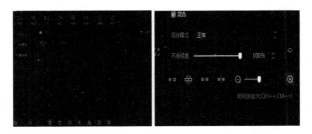

第三步，我们还可以在轨道上点击右键，把音频和视频分离出

来（当然也可以把视频和音频导入不同的轨道上进行合成），对音频进行降噪、音量设置、变速等处理。

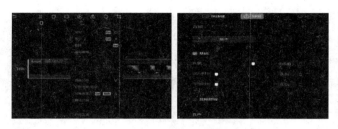

第四步，视频剪辑完成后，我们就可以点击导出按钮，对视频的名称、存放位置、格式等进行设置后导出。一般情况下，用剪映导出的视频文件较大，不利于分享和保存，我们可以用一师一课转码工具进行转码，这样转成的文件较小，有利于传播和保存。

第二节　网络视频获取

《义务教育课程标准（2022年版）》中明确指出，课程资源的开发与利用应服务于课程改革，满足课程实施的需要，体现教育教学改革的理念。积极开发与合理利用课程资源，是有效实施英语课程的重要保证。教师要敢于突破教材的制约，充分挖掘教材以外的资源。在开发素材性英语课程资源时，要注意选用具有正确育人导向的，真实、完整、多样的英语材料，如与教材单元主题情境相匹配的英语绘本、短剧、时文等学习材料。网上有海量的资源，尤其是微信公众号有许多语法微课、英语电影、英语歌曲等视频，"学习强国"平台上也有大量的优质教育和教学视频，这些资源对我们的教育教学非常有益。那么怎样获取这些资源，为我们所用呢？下面介绍几种比较简单的方法。

一、在手机浏览器中下载

首先，我们看一下怎样在微信公众号中下载视频。我们可以微信搜索栏中搜索我们想要的语法微课，通过筛选，找到含有该视频的公众号；或者直接找到我们关注的公众号，搜索我们想要的视频。我们以"英语教学"公众号下的微课——《一般现在时的用法》的下载和保存为例，来说一下如何将微信公众号上的微课视频保存到手机或者电脑中。具体的操作流程如下：

第一步，"英语教学"微信公众号下搜索语法微课，找到一般现在时的语法微课。点击一般现在时的语法微课右上角的三个点，选择在浏览器中打开。

第二步，在浏览器中打开一般现在时的语法微视频，点击视频右下角的下载按钮，下载完成后，回到手机桌面上，打开相册APP。

第三步，点击相册下的视频按钮，打开后，点击视频下的发送按钮，就可以把视频发送给自己和微信好友了。

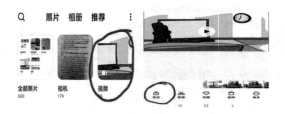

需要注意的是，下载完成后，如果视频文件较大或者需要一次性传输多个视频到电脑上，我们可以用数据线把视频传到自己的电脑上。

我们用同样的方式也可以下载"学习强国"上的教学视频，基本步骤如下：打开"学习强国"，依次点击电视台、看教育、初中同步课，找到要下载的视频。例如《小初衔接—初中英语怎么学》，点击右上角的三个点后向左滑动，找到选择在浏览器中打开的标志，然后在浏览器中打开该视频。点击视频播放后，会出现下载符号，点击下载保存即可。

二、在电脑浏览器中下载

除了在手机浏览器中下载视频，我们还可以在电脑浏览器中下载。在电脑浏览器中下载视频，首先需要在浏览器上安装扩展工具，然后利用扩展工具下载我们所需的视频。以360极速浏览器为例，介绍具体的操作流程如下：

第一步，打开360极速浏览器，在360极速浏览器的右上角，找到三条横线这样一个标志，进行点击，依次点击工具和管理扩展。

第二步，如果我们从来没有用过扩展工具，它就会出现"浏览

一下360应用市场"这几个字，我们点击，进行浏览。我们会发现页面上出现许多扩展小工具，例如二维码转换器、即时词典等。我们可以在右上角搜索栏中输入要搜索的扩展工具。

第三步，我们在搜索栏中输入"视频下载"，进行搜索，页面上会出现多个视频下载的扩展工具。点击其中一个，进行安装。例如，我们点击"完美视频下载器"，进行安装和添加。添加之后，在浏览器的右上角就会出现这个扩展工具的符号。这时，我们就在浏览器中安装好了视频下载的扩展工具，接下来就可以用它下载我们所需要的视频了。

第四步，通过微信公众号上的视频的复制链接功能，复制我们要下载的视频的网址到电脑360极速浏览器中，进行搜索。打开视频所在的网页，点击播放视频。在视频播放过程中，我们会发现视频上方出现一个下载符号，点击下载保存即可。如果视频上方没有下载符号的话，我们点击浏览器右上角安装好的扩展工具的符号，然后进行下载保存。

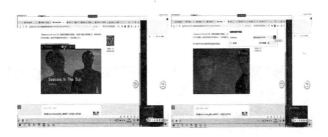

三、寻找相同视频法

有时我们会在微信视频号中发现一些有用的英语歌曲、美文欣赏等视频，用上述方法进行下载时，会发现无法下载。例如，我们想要下载英语歌曲*I believe I can fly*，视频上方没有我们要用的三个点的标志，下方点击转发按钮，我们会发现视频既不能在浏览器中打开，也没有复制链接的地址。如下图所示：

在这种情况下，应该怎么办呢？一般情况下，在视频号中出现的视频，绝大多数也会在快手、抖音等APP中出现。我们可以到快手中去寻找相同或相似的视频。例如，我们在快手极速版APP中，通过搜索，很容易地找到了*I believe I can fly*这首英语歌曲。长按该视频，会出现保存到相册这个选项；或者进行分享，也会出现保存到相册选项。无论通过哪种方式，我们都可以快捷地把视频保存到自己的手机相册中备用。

四、录屏法

如果用上述方法都不能下载保存我们想要的视频，我们还可以用录屏的方法。手机自带录屏功能，或者在手机应用商店中下载剪映等软件，使用其录屏功能进行录制。在电脑上，我们可以使用EV录屏等录制软件进行录屏，录制完成后，进行剪辑保存。

当然，在日常教学中，我们还可以自己摸索简单易操作的视频保存方法。特别需要指出的是，无论我们用哪种方式下载的视频，只能用于教学，而不能传播获利，这是我们在视频使用时必须严格遵守的。

第七章

自主学习任务单的设计

一、什么是自主学习任务单

金陵教授说："自主学习任务单是教师设计的以表单形式呈现的指导学生自主学习的方案，是学生高效自主学习的支架与载体。"自主学习任务单在学生课前自主学习的过程中起着以下作用：规划和引领整个线上学习过程；减弱学生自主学习的畏难情绪；为学生的线上学习提供支持和帮助；帮助教师及时了解学生的学习效果，保证学生的线上自主学习得以顺利实施。

二、自主学习任务单的内容

自主学习任务单的内容包括学习目标、学习方法、学习任务、自我检测、评价与反思。

（一）学习目标

传统课堂教学中，我们只关注课堂教学目标的设计，而混合式教学中，包含线上学习目标和线下学习目标。因此，我们需要在了解学情的基础上，对教学内容进行重新分析：哪些内容是比较容易掌握的，学生通过自学就能学会；哪些内容是学生必须通过同伴交流和教师指导才能掌握的。自主学习任务单中的目标，是教师要求学生在线上通过自主学习微课和其他学习材料就能达成的，所以不能设计得过高，一定是绝大多数学生能自主完成的。根据三维动态语法观"形式（form）—意义（meaning）—使用（use）"，"形式和意义"的学习适合线上的自主学习，而"使用"则属于较难的目标，需要在线下面对面的学习中，在教师创设的相对真实的语言情境中，通过交流、交际和创造性使用才能达成。

（二）学习方法

自主学习任务单的学习方法是既是对学生线上自主学习的指导，更是对完成学习任务的具体要求。学生自主观看微课视频，书面完成学习任务后，利用检测题进行自我检测，有不明白的地方，再次观看视频，最后根据评价和反思环节的要求，对自己的学习结果进行总结和自我评价。学习任务、自我检测、评价、反思环节都务必独立完成。

要求学生自主学习意味着"不以成败论英雄"。对于学生完成任务单的情况，教师不要以对错来评价，而只是以完成作业的认真程度来评价，只要学生认真地完成，就应该得到教师满意的评价。任务提交之后，教师也要及时地对学生完成的认真程度进行反馈。同时，教师要告诉学生独立完成学习任务的重要性，要求学生把任务单当成对自己的学习成果的反思的记录，要让学生明白，做作业不是为了应付教师，而是帮助自己更好地学习。

（三）学习任务

学习任务是任务单的主体，教师对学习目标的分析、教学内容的准确把握和学情的分析、学习方法的渗透，都要通过学生循序渐进地完成学习任务来体现。学习任务的设计要体现相关性、问题导向性、反馈性和开放性的原则。

相关性原则，一是指学习任务要和微课讲授的内容相关，学习任务是微课讲授内容的具体体现。如果是教师自己制作微课视频供学生学习，那么教师要根据任务单设计微课；如果利用网上的微课进行学习，教师要根据微课设计任务单，务必保证微课和任务单的一致性。二是指学习任务的设计要"前勾后连"。向"前勾"的是学习目标，教师要精心设计教学任务，确保学生完成学习任务就达成了学习目标。一般情况下，学习目标和学习任务是一一对应的。例如过去进行时的自主学习任务单中，学习目标1是学生能说出过去进行时的语法构成及其表示的语法意义，那么在学习任务1中要求学生书面回答问题：过去去进行时句子中谓语动词的基本结构是什么？过去进行时的意义是什么？学生能回答出问题，就达成了目标。学习任务向"后连"的是自我检测，检测题目一定要和任务有关，学生完成了学习任务，掌握了相关内容，就能顺利地完成检测题。

问题导向原则是由微课程教学法的创始人金陵教授提出的。金陵教授指出，把知识点转换成问题，有两个方面的考虑。一是可操作性。问题是自主学习的向导，所有的学生面对问题，都不会觉得自主学习无从下手。通过阅读教材、观看教学视频、完成学习任务，来引导学生自己发现知识，提高抽象思维能力，体验自主学习的成就感。二是培养基于理解的举一反三能力。一般来说，问题往往反映概念、原理、方法，从解决问题入手，有助于帮助学生辨明事实，理解概念和原理，并从中感悟方法。深刻理解概念和原理，或者感悟到方法，就能举一反三，完成其他各类习题（概念、原理、方法蕴藏其中），起到事半功倍之效。

知识点都转化成问题，能促进学生思考。提问是打破灌输的开始。有教育家说，把陈述句改成疑问句往往意味着思考的开始。

学生回答问题的过程也是他们通过学习，寻求答案，解决问题的过程。

反馈性原则是指，由于语法学习的特殊性，其概念、原理或用法都比较抽象，知识零碎、繁杂，难以理解，有时学生即使能回答出问题，也不见得真正理解了所学内容。因此，一般在每一组问题后设计相应的习题，让学生练一练。练习题从形式上来说，应该是常态性的，就是学生平常做的习题类型；从难易程度上来说，应该是学生比较容易完成的，学生看了视频，理解了问题，就能把题目完全做对，这样边学边练，可以激发继续学习的兴趣。后面检测题的设计，也是以反馈性的练习为基础的，反馈性的练习题也是保证学生完成学习任务的一个支架。

开放性的原则是指，每个语法知识学习任务的最后，我们都会要求学生利用思维导图对所学知识进行梳理。我们知道，针对语法知识点，重点和难点的问题都是封闭性的，这些问题都有固定的答案，可以促进学生对知识的理解，但是不利于发挥学生的个性特点，所以我们在最后设计这样一个学习任务。思维导图由英国学者东尼·博赞（Tony Buzan）在20世纪70年代初期创立，是一种将放射性思考（Radiant Thinking）可视化的方法。这种可视化工具在提高发散性思维能力，增强记忆，快速理清知识脉络，有效搭建知识结构，以直观形象的图形建立各个概念之间的联系，使知识的储存、管理及应用更加系统化、结构化方面，具有其他工具无法比拟的作用。学生在绘制思维导图的过程中，运用自己喜欢的色彩、图像、图形把自己所学的内容进行整理加工，既梳理了知识，又促进了个性化的发展和思考，提高了学习效率。同时，思维导图以外显的形式，让老师迅速判断学生完成学习任务的效果。思维导图没有对错之分，也体现了作业的开放性的特点。教师对学生要多鼓励，少批评，以保护学生学习的积极性。

（四）自我检测

学生在看完微视频，完成学习任务之后，要对所学知识进行综合检测。题目要覆盖所有的学习目标。为了便于线上提交答案，自我检测题一般是选择题，既不要太容易，也不要太难。太容易，没有挑战性，会让学生在以后的学习中不再认真观看视频、完成作业，也不利于学生提出问题；太难，学生不会做或者错误太多，会打击他们学习的信心。在对分课堂中，张学新教授建议课堂讲授的内容要"精讲留白"，留白的意思是不要讲得过于细致，过于明白，要让学生有思考的余地，要让学生在接下来的作业完成中犯错误。对分课堂作业布置的理念是，让多数学生在作业中犯错误，学生在学习过程中出现错误是必然的，只有让错误先暴露出来，才能更好地认识错误和更正错误。张教授同时指出，犯错误过多或过少，都不是理想的状态：学生犯错误较少或者不犯错误，无法产生足够的问题，也就不利于课堂中的讨论；错误过多，在随后的小组讨论中有太多的问题需要解决，会降低学生学习的热情。基于混合式教学的特点，我们可以把学生犯错的时机放到自我检测中。教师在自我检测题目中设计两个左右富有挑战性的题目，这些题目是学生容易犯错误的，或者微视频和学习任务中没有涉及的题目；通过前面的学习，优秀的学生经过思考、推理可能得出答案，但会存有疑惑；大多数学生会感觉有难度。

选择题可以用问卷星中的考试功能制作，制作完成后，用于链接的二维码呈现在任务单中，便于学生在家进行自我检测；在有平板电脑的班级中，也可以发布到平板电脑上，这样无论在学校还是家中，都可以完成。学生无论扫码完成还是在平板电脑上完成，都能在题目完成时马上得到答案。智能终端设备的及时反馈功能，不仅能让学生对自己的学习效果有一个清晰的认知，增强了学习的积极性和成就感，而且减轻了教师的负担，能让教师通过学生提交答案的情况，第一时间了解到学情。当然，如果学生不具备智能终端设备，也可以书面完成，但是需要教师进行批阅，及时了解学情，并给予学生反馈。

为了让学生自己和教师准确地了解学习的结果，我们会给每个题目设计一个分数，但是最终的得分不建议作为教师对学生进行评价的依据。教师可以表扬认真完成的同学，或者进步比较大的同学，而不必表扬本来就很优秀的同学，或者批评本来基础就很差的同学。

（五）评价与反思

评价、反思是学生在自主学习后，对自己的学习过程和学习结果的一个总结，分为两部分：

第一部分要求学生对照学习目标，一步步核对自己的每个目标是否都已经完成，如果没有完成，要再次观看视频，直至目标完成为止。本部分措辞上带有强制完成的语气。为了保证混合式教学的顺利实施，微课学习的内容，教师在课堂上是不会重复讲解的，所以要求学生尽可能达成目标，否则会严重影响学生在课堂上的学习和交流。

第二部分借鉴对分课堂作业中的"亮、考、帮"部分，要求学生把自己觉得比较精彩的、让自己受触动的知识或思想，用一两句话表达出来，作为自己的"亮"；自己理解不错的知识，用问题的形式提出来，去考同学，作为自己的"考"；"帮"当然是指自己感觉有疑惑的内容，以问题的方式表达出来，向同学请教。

我们常把一个具有渊博的知识的人，称为一个非常有"学问"的人。《周易》中说，"君子学以聚之，问以辨之"，意思是君子通过学习来积累知识，通过讨论来明辨事理。学问学问，要学也要问，要在学习中问，在问题中学习，不懂要多问为什么，懂了要教会别人答案是什么。在学懂了之后教会别人被称为"学问"，自然"知识就是力量"了。"亮、考、帮"把学生课后对知识内化和吸收的结果分成了三部分，即收获的、学懂的、不懂的，这就属于"学和问"。学了就应该有收获，会了就应该能考别人，不会就应该知道如何问别人。学生在课堂讨论时既带着学后的"问题"，又带着学后的"成就感和自豪感"。在讨论的过程中，学生具有双重角色，既是教师，负责教别人不懂的知识，又是学生，询问别人自己不会的知识。这样的讨论会更热闹，更有效果。

第八章

语法任务单案例

第一节　名词所有格

课前自主学习任务单

一、达成目标

1.能说出名词所有格的概念。

2.能复述有生命的名词后面加"'s"构成所有格的四种情况。

3.能举例说明无生命的名词怎样表示所有。

4.能说出表示职业或姓氏的名词后加"'s"表示的意义。

5.能概述本节课所学内容。

二、学习方法

自主观看微课，书面完成学习任务，独立进行自我检测，并进行自我反思和评价。

三、学习任务

1.什么是名词所有格，其基本形式是什么？

2.请举例说明，什么是有生命的名词？一般情况下有生命的名词所有格怎样表示？如果这个名词以"s"结尾呢？如何表示"两人共有"和"两人各自拥有"？

✐　写出下列句子中的词组：

（1）This is my _____（小狗的食物）.

（2）_____（汤姆的猫）was lost yesterday.

（3）— What's behind the door?

　　— It is _____（学生们的篮球）.

（4）_____（教师节）is on September 10th.

（5）_____（贝蒂和玲玲的老师）is Miss Gao.

（6）_____（贝蒂和玲玲的妈妈）are talking about their

daughters over there.

3.举例说明，什么是无生命的名词？无生命的名词通常用什么

形式表示所有？

✐　写出下列句子中的词组：

（1）There is _____（一张世界地图）on the wall.

（2）_____（教室的窗户）is broken.

4.在职业或姓氏的名词后加"'s"表示什么意义？

✐　写出下列词组的意思：

at the doctor's_____　　my uncle's_____

at Mr Wang's _____　　at the tailor's _____

5.根据你的理解，用思维导图梳理本节课所学内容。

四、自我检测

1. — Whose bike is it?

　　— It's _____.

　　A. John's　　　　B. Johns'

2. — What does ＿＿＿＿ do?

　　— He is a manage at a hotel.

　　A. Tom＇s father　　　　　B. Tom father

3. I sit between Tom and Mike. So my seat is between ＿＿＿＿＿

　　seats.

　　A.Tom and Mike＇s　　　　B. Tom＇s and Mike＇s

4. —Excuse me，is the supermarket far from here?

　　—No，it＇s about ＿＿＿＿＿＿.

　　A. 8 minutes＇walk　　　　B. 8 minute＇s walk

5. Mm! ＿＿＿＿＿＿ is delicious. I like it.

　　A. the cake＇s taste　　　　B. The taste of the cake

6. I＇ll give you ＿＿＿＿＿＿＿＿to finish the work.

　　OK.

　　A. two week＇s time　　　　B. two weeks＇time

7. Tom is ＿＿＿＿＿＿＿＿. he likes playing football.

　　A. a friend of my brother　　B. a friend of my brother＇s

8. Tom is ill，he is at the ＿＿＿＿＿＿＿＿ now.

　　A. doctor＇s　　　　B. doctor

9. My pen is nicer than ＿＿＿＿＿＿.

　　A. Kate　　　　　B. Kate＇s

10. ＿＿＿＿＿＿＿＿ desk is the cleanest in the classroom.

　　A. Ann and Tom＇s　　　　B. Ann＇s and Tom＇s

五、评价与反思

1.对照学习目标，自我评价是否都已达成，若未达成，请再次观看视频。

目标1□   目标2□   目标3□   目标4□   目标5□

2.提炼自己的"亮、考、帮"

★ 亮闪闪（把比较精彩的、让你受触动的知识或思想，用一两句话表达出来）

✈ 考考你（自己理解不错的知识，用问题的形式提出来，去考同学）

✦ 帮帮我（感觉疑惑的内容，以问题的方式表达出来，向同学请教）

课堂活动任务单

一、达成目标

1. 能在小组讨论中展示自己所学，解决自学疑惑。

2. 能在具体的语境中准确使用名词所有格。

3. 能在相对真实的语境中使用名词所有格进行创造性的表达。

二、小组讨论

小组成员各自说出"亮、考、帮"的内容，提炼小组内的"亮、考、帮"，教师抽查小组"亮、考、帮"的内容，并结合课前检测的结果进行解疑答惑。

三、同伴练习

用所给词的适当形式填空。

1. March 8th is _____（woman）Day.

2. Taking thirty _____（minute）exercise every day is good for your health.

3. I joined in the _____（girl）800—metre race last year.

4. If you are ill, you should go to the _____（doctor）.

5. A friend of _____（your）is waiting for you at the gate.

6. Is there anything interesting in _____（today）newspaper?

7. We often have a party on _____（children）Day.

四、测试（略）

五、探究活动

你家有几口人？他们是谁呢？你的同伴呢？你认识他/她的家人吗？画出你的家谱图，然后同伴交换，用名词所有格表达出同伴的各个家庭成员之间的关系吧！

六、收获与困惑

1. 我学了什么？闭上眼睛回忆一下，线上线下你学了什么内容，然后简要地写一写你想到的内容；如果不记得了，翻一翻任务单上的内容。

2.我学到了什么？在独立学习的过程中，以及老师和同学们交流的过程中，你印象最深的是什么？哪句话或者哪个知识点的理解思路，和你的思路不一样，触动了你？你有什么收获，用一两句话谈谈。

3.我还想学什么？本课的内容可能引发你对某个话题进一步了解或探究的兴趣，或者从某一方面触动你的灵感，请把它写下来，和同学们分享一下。

第二节 数词的用法

课前自主学习任务单

一、达成目标

1.能说出数词的概念和分类。

2.能读出并写出比较大的数字。

3.能举例说明hundred、thousand、million和billion四个数词的用法。

4.能复述基数词变序数词的基本规则。

5.能概述数词的基本用法。

二、学习方法

自主观看微课，书面完成学习任务，独立进行自我检测，并进行自我反思和评价。

三、学习任务

1.什么是数词，数词的基本分类是什么？

2.什么是基数词，你能读出和写出数字1—20吗？写出几十几的基数词时需注意什么？读出几百几十几的基数词时应注意什么？

对于大数字的读法，一般由后向前每三位有一个逗号，第一个逗号前的数字怎样读？第二个逗号前的数字读作什么？第三个逗号前的数字怎样读？

✎ 读出并写出下列数字：

数字1—20：

数字30、40、50、60、70、80、90、100、26、31、108、234

数字：1、324、4、864、339

3. hundred、thousand、million和billion和具体的数字连用时用什么形式？和of连用时呢？

✎ 写出下列词组：

三百＿＿＿＿　　七百万＿＿＿＿　　一万六＿＿＿＿

成百上千的＿＿＿＿　成千上万的＿＿＿＿　数百万的＿＿＿＿

4.什么是序数词？基数词怎样变成序数词？

✎ 写出下列基数词的序数词形式：

one＿＿＿　　two＿＿＿　　three＿＿＿　　four＿＿＿　　five＿＿＿

eight_____　　nine_____　　twelve_____　　twenty_____

fifty_____　　forty-one_____　　sixty-five_____

5.根据你的理解，用思维导图梳理本节课所学内容。

四、自我检测1

1. He wrote his fifth novel when he was _____ .

　　A. five　　　　　B. fifth

2. Tomorrow is my _____ birthday.

　　A. twelve　　　　B. twelfth

3. This library is very big, and there are _____ books in it.

　　A. thousand of　　B. thousands of

4. The _____ man on the left is Tom, a famous football player.

　　A. two　　　　　B. second

5. —How long will you stay there?

　　—For _____ .

　　A. three and a half days　　B. three and a half day

6. —You will give me nine _____ pounds a week?

　　— That's right.

　　A. hundred　　　B. hundreds

7. I live on the _____ floor of the hotel, so I have to take a lift.

　　A. twenty-seventh　　　　B. twenty-seven

8. —What's the date today?

　　—It's _____ .

　　A. Saturday　　　　　B. June 1st

9. —What class are you in?

— I'm in Class _____, Grade Seven.

A. Two   B. second

10. There are more than _____ people in China.

A. one billion four hundred million   B. fourteen billion

五、评价与反思

1.对照学习目标，自我评价是否都已达成，若未达成，请再次观看视频。

目标1□　　目标2□　　目标3□　　目标4□　　目标5□

2.提炼自己的"亮、考、帮"

■ 亮闪闪（把比较精彩的、让你受触动的知识或思想，用一两句话表达出来）

■ 考考你（自己理解不错的知识，用问题的形式提出来，去考同学）

■ 帮帮我（感觉疑惑的内容，以问题的方式表达出来，向同学请教）

课堂活动任务单

一、达成目标

1.能在小组讨论中展示自己所学，解决自学疑惑。

2.能用基数词和序数词表达实际生活中的年代、日期、小数、分数等。

3.能在相对真实的语境中使用基数词和序数词进行创造性的表达。

二、小组讨论

小组成员各自说出"亮、考、帮"的内容，提炼小组内的"亮、考、帮"，教师抽查小组"亮、考、帮"的内容，并结合课前检测的结果进行解疑答惑。

三、同伴练习

（一）用基数词或序数词读出句中的年代、日期、小数或者分数等。

1. During the summer of 1998，China suffered the worst floods in over 44 years since 1954.

2. The Smiths have got a 12-year-old son and an 8-year-old daughter.

3. —What's the date today? —It's 31st October. 2022.

4. About 3/5 of the world's population are now at risk.

5. —What's the temperature today? —It's -5℃

6. He lives in Room 601，Long Chang Li No.34，Xiamen，Fujian，China 361012.

7. —What's the score now? — It's 3:1.

8. It's hard to believe that 98% of its forest are gone.

9. —What time is it? — It's 8:45.

10. It's 8:30 and it's time to go to school.

（二）写出下列文中的数词：

There are about more than 1. _____（3600）students in our school and each class has about 2. _____（50）students. In our class, about 3. _____（三分之二）students are boys and only about 4. _____（三分之一）students are girls. Lots of boys like playing basketball. David is a 5. _____（十二岁的）boy and he is the captain of the school basketball team. Last Saturday, it was 6. _____（8月20号）, they played against the other team from another school and 7. _____（数百）students watched the match. At last, they beat them and we were really proud of them. Mr Smith is our English teacher. He came to China in 8. _____（2020）. He looks in 9. _____（四十多岁）.He has taught us for about 10. _____（两年半）. He likes playing basketball too and he often plays basketball with the boys.

四、探究活动

阅读短文，完成文后的任务，然后和同伴分享一下答案。

In China, some numbers are lucky, because their pronunciations sound similar to words that have "lucky" meanings. Number 8 is one of them. The number eight is lucky, because the Chinese pronunciation of eight is "ba", it is similar to "fa". The number eight is so lucky. In fact, the Beijing Olympic Games was held on 08-08-2008! If the day has an 8, it can bring good luck. If the day has a 9, the business will have permanence. If the day has a 6, the venture will be successful.

What's a "bad luck" number in China? It may be 4, because it sounds similar to the word for "death". So, many Chinese see "4" as a "bad luck number".

In western countries, seven is a lucky number " Lucky 7". Seven is the symbol of power and harmonious digital, Babylon era, right and reputation symbol. (七是权力与和谐的数字，巴比伦时代的象征，是信誉的象征。)

What is the unlucky number in England? It's 13. Because of its meaning of bad luck; many cities in the UK and the USA do not have a 13th street and buildings do not have a 13th floor or a house with the number 13.

Friday the 13th is extremely（尤其）unlucky, because it is an unlucky day and an unlucky number. Now, people avoid holding a wedding on that day, some people even avoid driving on Friday the 13th!

1. What's the luncky number in China? Why?

2. What's the unluncky number in China? Why?

3.Can you give another example of the lucky number or unlucky number in other countries?

五、测试（略）

六、收获与困惑

1.我学了什么？闭上眼睛回忆一下，线上线下你学了什么内容，然后简要地写一写你想到的内容；如果不记得了，翻一翻任务单上的内容。

2.我学到了什么？在独立学习的过程中，以及与老师和同学们交流的过程中，你印象最深的是什么？哪句话或者哪个知识点的理解思路，和你的思路不一样，触动了你？你有什么收获，用一两句话谈谈。

3.我还想学什么？本课的内容可能引发你对某个话题进一步了解或探究的兴趣，或者从某一方面触动你的灵感，请把它写下来，和同学们分享一下。

第三节　形容词和副词的比较级

课前自主学习任务单

一、达成目标

1.能举例说明单音节和大部分双音节的形容词和副词的比较级在词尾加"er"的构成规则。

2.能举例说明部分双音节词和多音节词的比较级的变化规则。

3.能写出 little、many、bad、good 等形容词的比较级的不规则变化形式。

4.能列举形容词和副词的比较级的基本用法和常用的句型。

5.能根据自己的理解对本节课所学内容进行简单的梳理。

二、学习方法

自主观看微课，书面完成学习任务，独立进行自我检测，并进行自我反思和评价。

三、学习任务

1.单音节和大部分双音节的形容词和副词的比较级构成中，一般情况下怎么构成比较级？以不发音的 e 结尾的单词怎么构成比较级？以辅音字母＋y 结尾的单词怎样构成比较级？以一个辅音字母结尾的重读闭音节的单词怎样构成比较级？

✎ 写出下列形容词和副词的比较级

Long _____ fast _____ high _____ wide _____ large _____

nice _____ heavy _____ busy _____ happy _____ fat _____

big _____ red _____ thin _____ wet _____ hot _____

2. 有的双音节词和多音节词的比较级是怎样构成的？

✎ 写出下列形容词和副词的比较级

quickly _____ beautiful _____ delicious _____

comfortable _____ important _____ tired _____

3. 具有不规则变化的形容词和副词有哪几个？

✐ 写出下列形容词和副词的比较级

bad _____ ill _____ badly _____ good _____ well _____

many _____ much _____ far _____ old _____ little _____

4.1形容词和副词的比较级的基本用法是什么？比较级前用 much、a little、far、even 等词修饰时，分别表示什么意义？你能举几个例子吗？

4.2 "as +形容词或副词原级+as" 表示什么意义？"not as（so）+形容词或副词原级+as" 又表示什么意义？

✐ 完成下列句子

（1）露西和莉莉年龄一样大。Lucy is _____ Lily.

（2）他们打得不如平时好。They didn't play _____ they usually do.

（3）这本书不如那本书有趣。

This book is not _____ that one.

This book is _____ interesting _____ that one.

4.3 "比较级＋and＋比较级" 和 "the+比较级，the+比较级" 分别表示什么意义？

✐ 把下面的句子翻译成汉语

（1）She runs faster and faster.

（2）Our country is becoming more and more beautiful.

（3）The busier the old man is, the happier he feels.

（4）The more careful you are, the fewer mistakes you will make.

5.根据你的理解，用思维导图梳理本节课所学内容。

四、自我检测

1. He feels ＿＿＿ today than yesterday.

    A. happy B. happily C. happier D. much happy

2. Which do you like ＿＿＿ , coffee or tea?

    A. badly B. better C. good D. well

3. —If there are ＿＿＿ people driving, there will be ＿＿＿ air pollution.

    —Yes, and the air will be fresher.

    A. less; less   B. less; fewer

    C. fewer; fewer   D. fewer; less

4. — What do you think of English?

    — I think English is as ＿＿＿ as Chinese.

    A. useful   B. more useful

    C. the more useful   D. much useful

5. The ＿＿＿ we do for other people, the ＿＿＿ we will be.

    A.much; happier B. more; happy

    C. more; happier D. most; happiest

6. — Have you finished your homework?

    — I will finish it in five ＿＿＿ minutes.

    A. another B. other C. more D. less

7. — Roy never likes junk food.

    — Neither do I. That's probably why I'm becoming

    ＿＿＿ now.

A. healthy and healthy   B. more and more healthily

C. weaker and weaker   D. healthier and healthier

8. Taking a subway in Chengdu is much _____ than taking a taxi.

A. cheap   B. cheaper   C. cheapest   D. more cheap

9. I can carry as _____ paper as you can.

A. more   B. many   C. much   D. most

10. Sorry for being late. I'm supposed to be here 20 minutes _____.

A. early   B. earlier   C. earliest   D. more early

五、评价与反思

1.对照学习目标，自我评价是否都已达成，若未达成，请再次观看视频。

目标1□   目标2□   目标3□   目标4□   目标5□

2.提炼自己的"亮、考、帮"

■ 亮闪闪（把比较精彩的、让你受触动的知识或思想，用一两句话表达出来）

■ 考考你（自己理解不错的知识，用问题的形式提出来，去考同学）

■ 帮帮我（感觉疑惑的内容，以问题的方式表达出来，向同学请教）

课堂活动任务单

一、达成目标

1.能在小组讨论中展示自己所学，解决自学疑惑。

2.能在具体的语境中辨析形容词和副词的比较级的用法。

3.能使用as……as句型创编英语歌曲。

二、小组讨论

小组成员各自说出"亮、考、帮"的内容，提炼小组内的"亮、考、帮"，教师抽查小组"亮、考、帮"的内容，并结合课前检测的结果进行解疑答惑。

三、同伴练习

根据短文内容，用所给词的适当形式填空

Is life better today than it was in the past?

People are wealthier today. And they live 1. ____（long）than they did in the past. We know 2. ____（much）about medicine today and there's less fear of getting ill because we know how to deal with the ordinary diseases. But some people think life in the past was 3. ____（simple）and 4. ____（healthy）than today. People went to work by bike and on foot in the past. Now 5. ____（many）people have cars and they walk or use their bikes less. So they don't take as much exercise 6. ____ they used to. When the number of cars is doubled. The pollution is also doubled or even 7. ____（bad）. What's more people work as 8. ____（hard）as they did fifty years ago. sometimes they work harder than they used to. And people seldom say they have enough time.

People today are exactly much 9. ____（wealthy）today, but more wealth sometimes means 10. ____（little）health and less spare time.

四、测试（略）

五、探究活动

任务1. 根据汉语提示，补全Everything at Once的歌词。

任务2. 学唱歌曲，以小组为单位进行展示。

Everything at Once

As sly as a fox, as strong as an ox.

As fast as a hare. 1. _____（像熊一样勇敢）.

As free as a bird, as neat as a word.

2. _____（像老鼠一样安静）, as big as a house.

Ah …… All I wanna be.

Is everything

As mean as a wolf.

3. _____.（像牙齿一样锋利）

As deep as a bite. as dark as the night.

4. _____（像歌曲一样甜蜜）, as right as a wrong

5. _____（像路一样长）, as ugly as a toad

As pretty as a picture hanging from a fixture.

Strong like a family, strong as I wanna be.

Bright as day. as light as play.

As hard as nails. as grand as a whale.

Ah……All I wanna be.

Is everything

Everything at once.

6. _____（像太阳一样温暖）, as silly as fun.

As cool as a tree, as scary as the sea.

7. _____（像火一样炽热）, 8. _____（像冰一样冷漠）

Sweet as sugar and everything nice

9. _____（像时间一样悠久）, 10. _____（像线条一样平直）

As royal as a queen, as buzzed as a bee.

Stealth as a tiger, smooth as a glide.

Pure as a melody, pure as I wanna be.

Ah …… All I wanna be.

Is everything

Everything at once.

六、收获与困惑

1.我学了什么？闭上眼睛回忆一下，线上线下你学了什么内容，然后简要地写一写你想到的内容；如果不记得了，翻一翻任务单上的内容。

2.我学到了什么？在独立学习的过程中，以及老师和同学们交流的过程中，你印象最深的是什么？哪句话或者哪个知识点的理解思路和你的思路不一样，触动了你？你有什么收获，用一两句话谈谈。

3.我还想学什么？本课的内容可能引发你对某个话题进一步了解或探究的兴趣，或者从某一方面触动你的灵感，请把它写下来，和同学们分享一下。

第四节　一般现在时

课前自主学习任务单

一、达成目标

1.能说出一般现在时表示的意义，一般现在时的语法构成，以及一般现在时常用的标志词——频度副词。

2.能在一般现在时的句型中根据主语判断谓语动词的形式，并能举例说明行为动词第三人称单数的变化规则。

3.能把一般现在时的肯定句改编成否定句和一般疑问句等句型。

4.能根据自己的理解，对一般现在时的构成和用法进行梳理。

二、学习方法

自主观看微课，书面完成学习任务，独立进行自我检测，并进行自我反思和评价。

三、学习任务

1.时态的含义是什么？我们在什么情况下需要用到一般现在时？ be动词的一般现在时的形式是什么？行为动词的一般现在时的基本形式是什么？

2.什么是频度副词？常用的频度副词和频度短语有哪些？频度副词和频度短语常用来回答哪个词的提问？

3.在行为动词的一般现在时中，什么情况下谓语动词用原形？什么情况下谓语动词用行为动词的第三人称单数？动词原形怎样变成动词的第三人称单数形式？

✐　写出下列动词的第三人称单数形式

look ＿＿＿＿　read ＿＿＿＿　write ＿＿＿＿　watch ＿＿＿＿　brush ＿＿＿＿

catch ＿＿＿＿　try ＿＿＿＿　study ＿＿＿＿　play ＿＿＿＿　go ＿＿＿＿

worry ＿＿＿＿　fly ＿＿＿＿　do ＿＿＿＿　have ＿＿＿＿

✐　先判断下列句中的主语是第几人称，然后用动词原形和动词的第三人称单数形式填空。

（1）My father usually ＿＿＿＿（go）to work by bus.

（2）Tom and Betty both ＿＿＿＿（come）from America.

（3）The children ＿＿＿＿（play）football after school every day.

（4）The panda ＿＿＿＿（like）eating bamboo.

（5）Tom with his mother _____（visit）his grandpa once a month.

4.行为动词一般现在时的肯定句怎样变成否定句和一般疑问句？助动词do和does后要用动词的什么形式？

✎ 按要求改写句子

（1）Amy likes playing computer games.（改为一般疑问句并否定回答）_____

（2）John comes from Canada.（改为否定句）

_____

（3）They watch TV every day.（改为一般疑问句，并否定回答）

_____

（4）There is some orange juice in the fridge.（改为否定句）

_____

（5）She lives in a small town near New York.（对划线部分提问）

_____

5.根据你的理解，用思维导图梳理本节课所学内容。

四、自我检测

1. My father often _____ dinner at home when he is free.

    A. have   B. has

2. The students _____ TV on weekdays, they can only watch it at weekends.

    A. watch   B. don't watch

3. Danny _____ English and Chinese very much.

A. like　　　　B. likes

4. I usually _____ my grandparents once a week and they are happy to see me.

A. see　　　　B. sees

5. Please _____ the medicine three times a day and you'll be well.

A. Take　　　　B. takes

6. _____ your father read newspapers every day?

A. Does　　　　B. Do

7. My sister _____ English is a primary school.

A. teach　　　　B. teaches

8. If it _____ tomorrow, we all go for a walk in the park.

A. don't rain　　B. doesn't rain

9. — How often do they hold the Olympic games?

— _____.

A. Once a year　　B. Every four years

10. _____ kangaroos only live in Australia?

A. Do　　　　B. Does

五、评价与反思

1.对照学习目标，评价是否都已达成，若未达成，请再次观看视频。

目标1□　　目标2□　　目标3□　　目标4□　　目标5□

2.提炼自己的"亮、考、帮"

■ 亮闪闪（把比较精彩的、让你受触动的知识或思想，用一两句话表达出来）

■ 考考你（自己理解不错的知识，用问题的形式提出来，去考同学）

■ 帮帮我（感觉疑惑的内容，以问题的方式表达出来，向同学请教）

课堂活动任务单

一、达成目标

1.能在小组讨论中展示自己所学，解决自学疑惑。

2.能在真实的语境中正确运用一般现在时的各种句型。

3.能正确运用一般现在时进行创造性的表达。

二、小组讨论

小组成员各自说出"亮、考、帮"的内容，提炼小组内的"亮、考、帮"，教师抽查小组"亮、考、帮"的内容，并结合课前检测的结果进行解疑答惑。

三、同伴练习

You are so wrong!

For example：

— Our English teacher comes from America.

— No, you are so wrong. Our English teacher doesn't come from America. He comes from Canada.

1.The boy's name is Tom Smith. Tom is his family name and Smith is his given name.

2. Monkeys like eating bamboo.

3. The Spring Festival always comes in January in China.

4. We don't have a Chinese lesson every day.

5. A camel doesn't live in the desert.

6. Chinese people don't use chopsticks when they have meals.

7. As we all know, the sun sets in the east.

8. The moon is as same as the earth.

9. Water usually boils at 80 degrees.

10. A day has sixty hours.

四、合作探究

从所给的话题中选择任意一个话题，先独立思考，再小组交流展示，把该话题写下来，组内选出最好的两个同学的作品进行班内展示。

Myself　My family　My school　My hobby　My friend
Sports　Music　Food　Computer games

五、测试（略）

六、收获与困惑

1.我学了什么？闭上眼睛回忆一下，线上线下你学了什么内容，然后简要地写一写你想到的内容；如果不记得了，翻一翻任务单上的内容。

2.我学到了什么？在独立学习的过程中，以及老师和同学们交流的过程中，你印象最深的是什么？哪句话或者哪个知识点的理解思路和你的思路不一样，触动了你？你有什么收获，用一两句话谈谈。

3.我还想学什么？本课的内容可能引发你对某个话题进一步了解或探究的兴趣，或者从某一方面触动你的灵感，请把它写下来，和同学们分享一下。

第五节　现在进行时

课前自主学习任务单

一、达成目标

1.能说出现在进行时表示的意义，现在进行时的语法构成，及其常用的标志词。

2.能举例说明行为动词的现在分词的变化规则。

3.能把现在进行时的肯定句改写成否定句和一般疑问句等句型。

4.能根据自己的理解，对现在进行时的构成和基本用法进行梳理。

二、学习方法

自主观看微课，书面完成学习任务，独立进行自我检测，并进行自我反思和评价。

三、学习任务

1.我们在什么情况下需要用到现在进行时来表达意义？现在进行时的语法构成是什么？有哪些常用的标志词？

2.动词的现在分词的变化规则有几种？分别是什么？

🖉　写出下列动词的现在分词形式。

look _____ read _____ write _____ make _____ have _____

run _____ begin _____ swim _____ stop _____ sit _____

study _____ fly _____ lie _____ die _____ tie _____

🖉　用所给词的适当形式填空。

（1）My father _____（read）a newspaper now.

（2）Tom and Betty _____（fly）kites at the moment.

（3）Look! The children _____（play）football on the playground.

（4）Many people _____（lie）on the beach and enjoying the sun.

（5）Be quiet! Your father _____（working）.

3.现在进行时的肯定句怎样变成否定句和一般疑问句？

🖉　按要求改写句子

（1）The students are cleaning the classroom.（改为一般疑问句，

并作否定回答）_____

（2）Tom is reading books in his study.（改为否定句）

_____

（3）My mother is cooking some nice food now.（改为一般疑问句，并肯定回答）_____

4.根据你的理解，用思维导图梳理本节课所学内容。

四、自我检测

1. Listen！The girl _____ in the music classroom.

A.sings   B.Sang   C.sing   D.is singing

2. —Look！The children _____ .

—How happy they are!

A.was dancing   B.danced   C.are dancing   D.dances

3. —Where is your mother?

— She _____（cook）in the kitchen.

A.cooks   B.is cooking   C. cook   D.cooking

4. Sorry，you can't take the dictionary away，Tom. I _____ it.

A.used   B.am using   C.have used   D.was using

5. — Jack，I'm worried. You don't know the way.

—Don't worry，mum. Mr. Green _____ me at the airport.

A. meets   B. is meeting   C. will meeting   D. meet

6. —What is our granddaughter doing?

—She _____（listen）to music in her room.

A. listens   B. is listening   C. listen   D. listen

7. — You're in a hurry. Where are you going?

— To the cinema. Tom and Sue _____ for me outside.

A. waits　B. wait　C. is waiting　D. are waiting

8. — _____ you _____ your novels these days?

—Yes, I am.

A. Are writing　　B. Do write

C. Is writing　　　D. Does write

9. It's 6 o'clock. The Smiths _____ supper now.

A. is having　　B. are having　　C. have　　D. has

10. Tom _____ always _____ late for class. The teacher gets angry with him.

A. is coming　B. are coming　C. / comes　D. does come

五、评价与反思

1.对照学习目标，自我评价是否都已达成，若未达成，请再次观看视频。

目标1□　　目标2□　　目标3□　　目标4□　　目标5□

2.提炼自己的"亮、考、帮"

亮闪闪（把比较精彩的、让你受触动的知识或思想，用一两句话表达出来）

考考你（自己理解不错的知识，用问题的形式提出来，去考同学）

帮帮我（感觉疑惑的内容，以问题的方式表达出来，向同学请教）

课堂活动任务单

一、达成目标

1.能在小组讨论中展示自己所学，解决自学疑惑。

2.能在具体的语境中辨析一般现在时和现在进行时。

3.能正确运用现在进行时进行创造性的表达。

二、小组讨论

小组成员各自说出"亮、考、帮"的内容，提炼小组内的"亮、考、帮"，教师抽查小组"亮、考、帮"的内容，并结合课前检测的结果进行解疑答惑。

三、同伴练习

用所给词的适当形式填空

1. My father usually _____（read）morning newspaper at seven.

2. Joan can't join us. She _____（prepare）for the exams tomorrow.

3. Mike sometimes _____（go）to the park with his sister.

4. —What is your sister doing now?

　　—She _____（lie）in bed and playing with the cat.

5. — What _____ your mother _____（do）?

　　— She is a nurse at a hospital.

6. It ＿＿＿（get）dark. We'd better go home.

7. Daming ＿＿＿ always ＿＿＿（help）others, we are proud of him.

8. ＿＿＿ Mike ＿＿＿（read）English every day?

9. Who ＿＿＿（sing）over there now?

10. Who ＿＿＿（speak）English best in your class?

四、测试（略）

五、合作探究

Play a game

Step1. 把全班学生分成三组.

Step2. 第一个组的同学随意地在纸条上写出一个或几个同学的名字（也可以用人称代词代替）；第二个组的同学随意地写出一个动词短语，如 play basketball、have a picnic、take photos 等；最后一个组的同学随意写下一个表示地点的介词短语，如 in the classroom、at home、in a car 等。

Step3. 纸条收齐，按内容分成三组后，选三个同学上台，每人负责一部分内容，并随机抽取一张纸条，读出现在进行时的句子：某人正在某地做什么。

Step4. 选出最有创意的句子，在黑板上展示和点评。

六、收获与困惑

1.我学了什么？闭上眼睛回忆一下，线上线下你学了什么内容，然后简要地写一写你想到的内容；如果不记得了，翻一翻任务单上的内容。

2.我学到了什么？在独立学习的过程中，以及老师和同学们交流的过程中，你印象最深的是什么？哪句话或者哪个知识点的理解思路和你的思路不一样，触动了你？你有什么收获，用一两句话谈谈。

3.我还想学什么？本课的内容可能引发你对某个话题进一步了解或探究的兴趣，或者从某一方面触动你的灵感，请把它写下来，和同学们分享。

第六节　一般将来时

课前自主学习任务单

一、达成目标

1.能说出一般将来时表示的意义和常用的时间状语。

2.能说出be going to +动词原形和will +动词原形在表示将来的意义上的不同之处。

3.能把一般将来时的陈述句改写成否定句和一般疑问句等句型。

4.能根据自己的理解，对一般将来时进行简单的梳理。

二、学习方法

自主观看微课，书面完成学习任务，独立进行自我检测，并进行自我反思和评价。

三、学习任务

1.我们在什么情况下需要用一般将来时来表达意义？一般将来时常用的时间状语有哪些？

✎ 请写下你所知道的可以用在一般将来时中的时间。

_____

_____

_____

2.如果想表达自己或他人打算或计划做某事，常用什么结构？如果想描述未来的事情或者对将来进行预测呢？

✎ 用所给词的适当形式填空。

（1）Helen _____（visit）her grandparents in England next week.

（2）We _____（stay）in Hong Kong for a week next month.

（3）They _____（meet）at 1:00 this afternoon at the school gate.

（4）Each family _____（have）a small plane in the future.

（5）There _____（be）traffic jams in the air in fifty years.

3.be going to +动词原形的肯定句怎样变成否定句和一般疑问句？will+动词原形的肯定句怎样变成否定句和一般疑问句？

✎ 按要求改写句子

（1）The students are going to clean the classroom.（改为一般

疑问句，并否定回答）_____

（2）Tom is going to watch a movie with his friends this evening.（改为否定句）

_____

（3）The weather will be warm in winter.（改为一般疑问句，并肯定回答）_____

（4）People will have long holidays in the future.（改为否定句）

_____

4.根据你的理解，用思维导图梳理本节课所学内容。

四、自我检测

1. Mother _____（give）me a nice present on my next birthday.

　　A. will give　　B. give　　C. is giving　　D. gives

2. — Don't be late again.

　　— Sorry, I _____ .

　　A.didn't　　B.don't　　C.am not　　D.won't

3. Tell everyone to stay together. I _____ if everyone is here.

　A. check　　B. will check　　C. checks　　D. is checking

4. — You look excited.

　　—Yes, I am. I _____ to Jackie Chan's new movie this evening.

　　A. go　　B. went　　C. am going　　D. goes

5. My little sister _____ her fifth birthday in five days.

　　A. will celebrate　　B. celebrate

　　C. celebrating　　D. is celebrating

6. — How soon will your father come back?

— _____ .

A. After three days B. In a week

C. On Friday D. Next month

7. There _____ a meeting tomorrow afternoon.

A. will be going B. will going to be

C. is going to be D. will have

8. He will write to us as soon as he _____ to Beijing.

A. get B. will get C. gets D. is getting

9. —Will there be an English party next Sunday?

— _____ .

A. Yes, it is B. No, there won't

C. No, there isn't D. Yes, it will

10. —Will you go to the cinema with me tomorrow?

—Sorry, I _____ basketball with Tom.

A. play B. played C. plays D. will play

五、评价与反思

1.对照学习目标，评价是否都已达成，若未达成，请再次观看视频。

目标1□ 目标2□ 目标3□ 目标4□ 目标5□

2.提炼自己的"亮、考、帮"

★ 亮闪闪（把比较精彩的、让你受触动的知识或思想，用一两句话表达出来）

🚩 考考你（自己理解不错的知识，用问题的形式提出来，去考同学）

🚩 帮帮我（感觉疑惑的内容，以问题的方式表达出来，向同学请教）

课堂活动任务单

一、达成目标

1. 能在小组讨论中展示自己所学，解决自学疑惑。

2. 能在具体的语境中辨析一般现在时、现在进行时和一般将来时。

3. 能正确运用一般将来时进行创造性的表达。

二、小组讨论

小组成员各自说出"亮、考、帮"的内容，提炼小组内的"亮、考、帮"，教师抽查小组"亮、考、帮"的内容，并结合课前检测的结果进行解疑答惑。

三、同伴练习

用所给词的适当形式填空

1. Listen! Someone _____（sing）in the next room.

2. Usually he _____（watch）his favourite TV show for more than one hour on Friday night.

3. I _____（not go）anywhere for this coming winter vacation

because of COVID19.

4. I will meet him when he _____（reach）the Airport.

5. It _____（rain）hard outside. You have to stay at home.

6. If it _____（not rain）tomorrow, we'll go roller—skating.

7. There are many clouds coming. It _____（rain）soon.

8. — How soon _____ he _____（travel）abroad?

— In five months.

9. People never know what _____（happen）in 100 years.

10. He is very busy this week, he _____（be）free next week.

四、测试（略）

五、合作探究

用下面的时间造句

tomorrow evening　　　　tomorrow morning

the day after tomorrow　　next Monday afternoon

On Saturday evening　　　next week

next year　　　　　　　　in the future

some day　　　　　　　　in two years

操作流程：

Step1. 先独立思考，选择至少3个词造句。

Step2. 组内展示，选出最有创意的且语法及意义正确的句子。

Step3. 全班展示，评选出最有创意的句子。

六、收获与困惑

1.我学了什么？闭上眼睛回忆一下，线上线下你学了什么内容，然后简要地写一写你想到的内容；如果不记得了，翻一翻任务单上的内容。

2.我学到了什么？在独立学习的过程中，以及老师和同学们交流的过程中，你印象最深的是什么？哪句话或者哪个知识点的理解思路和你的思路不一样，触动了你？你有什么收获，用一两句话谈谈。

3.我还想学什么？本课的内容可能引发你对某个话题进一步了解或探究的兴趣，或者从某一方面触动你的灵感，请把它写下来，和同学们分享一下。

第七节　一般过去时

课前自主学习任务单

一、达成目标

1.能说出一般过去时表示的意义，及其语法构成、常用的时间状语。

2.能举例说明规则动词的过去式的变化方法和部分常用的不规

则动词的过去式。

3.能把一般过去时肯定句改写成否定句、一般疑问句和特殊疑问句等句型。

4.能根据自己的理解，对一般过去时进行梳理。

二、学习方法

自主观看微课，书面完成学习任务，独立进行自我检测，并进行自我反思和评价。

三、学习任务

1.我们在什么情况下需要用到一般过去时来表达意义？一般过去时的语法构成是什么？有哪些常用的时间状语？

🖉　请写下你所知道的可以用在一般过去时中的时间。

_____

_____

_____

2.动词的过去式的规则变化有几种？分别是什么？你知道哪些不规则动词的过去式？

🖉　写出下列动词的过去式形式

look _____ watch _____ listen _____ point _____ like _____

love _____ decide _____ shop _____ stop _____ plan _____

travel _____ study _____ stay _____ carry _____ play _____

have _____ take _____ buy _____ eat _____ write _____

hear _____ read _____ make _____ come _____ teach _____

用所给词的适当形式填空

（1）My father _____（be）at work last night.

（2）John _____（finish）his homework two hours ago.

（3）There _____（be）a big garden in behind my house when I was young.

（4）My mother _____（make）me a big birthday cake yesterday.

（5）I _____（get）up late this morning, so I was late for class.

3.be动词的一般过去时的肯定句怎样变成否定句和一般疑问句？行为动词的一般过去时的肯定句变成否定句和一般疑问句时，需要借助哪个助动词？此时，谓语动词用什么形式？

按要求改写句子

（1）The Smiths came to China in 2020.（改为一般疑问句，并否定回答）_____

（2）I had a good time in my primary school.（改为否定句）

_____

（3）They were at home last night.（改为一般疑问句，并肯定回答）_____

（4）I was born on May18, 2008.（对画线部分提问）

_____

（5）My father lived in Stockholm for eighteen years.（对画线部分提问）_____

4.根据你的理解，用思维导图梳理本节课所学内容。

四、自我检测

1. Mike didn't _____ until 12 o'clock last night.

　　A. get up　　B. go to bed　　C. got up　　D. went to bed

2. There _____（be）no one here a moment ago.

　　A. were　　B. was　　C. is　　D. are

3. I listened carefully but _____ nothing.

　　A. hear　　B. hears　　C. will hear　　D. heard

4. She watches TV every evening. But she _____ last night.

　　A. watched TV　　B. doesn't watch TV

　　C. watches TV　　D. didn't watch TV

5. —What time _____ you _____ to Beijing yesterday?

　　—We got to Beijing at 9：00 in the evening.

　　A. do get　　B. did got　　C. did get　　D. do got

6. There was a football match on TV yesterday evening，but I

　　_____ no time to watch it.

　　A. had　　B. have　　C. will have　　D. am having

7. — Look at the sign. You can't smoke here.

　　— Sorry, I _____ see it just now.

　　A. don't　　B. didn't　　C. doesn't　　D. won't

8. —When did you _____ your homework?

　　— Two hours ago.

　　A. finish　　B. finished　　C. finishes　　D. to finish

9. Her aunt _____ a skirt for her, but she didn't like it.

A. gave   B. showed   C. sent   D. bought

10. He came in, _____ his coat and sat down beside me.

    A. took off   B. turned off   C. fell off   D. put off

五、评价与反思

1.对照学习目标，评价是否都已达成，若未达成，请再次观看视频。

目标1□   目标2□   目标3□   目标4□   目标5□

2.提炼自己的"亮、考、帮"

■ 亮闪闪（把比较精彩的、让你受触动的知识或思想，用一两句话表达出来）

考考你（自己理解不错的知识，用问题的形式提出来，去考同学）

帮帮我（感觉疑惑的内容，以问题的方式表达出来，向同学请教）

课堂活动任务单

一、达成目标

1.能在小组讨论中展示自己所学，解决自学疑惑。

2.能在具体的语境中辨析一般过去时和其他时态。

3.能在故事的语境中正确运用一般过去时进行表达。

二、小组讨论

小组成员各自说出"亮、考、帮"的内容，提炼小组内的"亮、考、帮"，教师抽查小组"亮、考、帮"的内容，并结合课前检测的结果进行解疑答惑。

三、同伴练习

用所给词的适当形式填空。

1. Usually I am free on Sundays. Sometimes I ＿＿＿（read）books and sometimes I ＿＿＿（watch）TV or enjoy a film at the cinema. But last Sunday I ＿＿＿（be）very busy. I ＿＿＿（clean）the house at first. Then I ＿＿＿（wash）my car. After lunch, I ＿＿＿（plant）some flowers in my garden. Finally, I ＿＿＿（go）to a big restaurant to have a good dinner with my friend, but we ＿＿＿（not go）to the cinema after dinner as usual because I was too tired. It was a really busy day.

2. A：Hi, Jack. Did you have a nice weekend?

B：Weekend? Oh, forget it.

A：What ＿＿＿（be）wrong?

B：My father and I ＿＿＿（want）to go to the cinema at 10 o'clock on Sunday morning, but we ＿＿＿（get）up at 9：40! We had no time to wash our faces and ＿＿＿（have）breakfast. My father ＿＿＿（drive）me to the cinema.

A：When did you _____（arrive）at the cinema?

B：Never!

A：What do you mean?

B：Our car _____（be）broken down on the way! I tried to help him mend it. It _____（take）us about an hour to mend it.

A：Oh，dear!

四、测试（略）

五、探究活动

你听说过象人的故事吗？跟着特里维斯医生去看看吧。

Task1：根据汉语提示，翻译文中的句子。

Task2：象人究竟是什么样子的呢？ 接下来又发生了什么呢？打开书虫 *The Elephant Man*,去一探究竟吧! 看完后，不要忘了和你的同伴分享一下。

My name is Dr Frederick Treves. I am a doctor at the London Hospital. One day in 1884，I saw a picture in the window of a shop near the hospital. 1._____（我在这家商店前停了下来）and looked at the picture. At first I felt interested，then 2._____（我感到愤怒），then afraid. It was a horrible，ugly picture. 3._____（照片上有个男人），but he did not look like you and me. He did not look like a man. 4._____.（他看上去像一头大象）

I read the writing under the picture. It said：Come in and see the Elephant Man. 2 pence.

I opened the door and went in.

5._____（商店里有个男人）. He was a dirty man in an old coat with a cigarette in his mouth. 'What do you want?' he asked.

6._____（我想看看这个象人）I said.

The man looked at me angrily. "Well, you can't." he said. "The shop's closing now. You can come back tomorrow."

"I'm sorry." I said. "But I would like to see him now. I have no time tomorrow. I have a lot of work to do. But I can give you more than 2 pence.'

7._____（这个人仔细地看了看我）. Then he took the cigarette out of his mouth and smiled with his yellow teeth.

"All right, sir." he said, "Give me twelve pence then."

I gave him the money and he opened a door at the back of the shop. We went into a little room. The room was cold and dark, and there was a horrible smell in it.

六、收获与困惑

1.我学了什么？闭上眼睛回忆一下，线上线下你学了什么，然后简要地写一写你想到的内容；如果不记得了，翻一翻任务单上的内容。

2.我学到了什么？在独立学习的过程中，以及老师和同学们交流的过程中，你印象最深的是什么？哪句话或者哪个知识点的理解思路和你的思路不一样，触动了你？你有什么收获，用一两句话谈谈。

3.我还想学什么？本课的内容可能引发你对某个话题进一步了解或探究的兴趣，或者从某一方面触动你的灵感，请把它写下来，和同学们分享一下。

第八节　过去进行时

课前自主学习任务单

一、达成目标

1.能说出过去进行时表示的意义、语法构成及常用的时间状语。

2.能运用过去进行时的肯定句、否定句、一般疑问句等句型进行表达。

3.能复述when引导的时间状语从句和过去进行时连用时的句型特点。

4.能复述while引导的时间状语从句的句型特点。

5.能根据自己的理解，对本节课所学内容进行简单的梳理。

二、学习方法

自主观看微课，书面完成学习任务，独立进行自我检测，并进行自我反思和评价。

三、学习任务

1.我们在什么情况下需要用过去进行时来表达意义？过去进行时的语法构成是什么？有哪些常用的时间状语？

用所给词的适当形式填空。

（1）I _____（have）my breakfast at half past six yesterday morning.

（2）Mary _____（go）over her lessons from six to seven last night.

（3）One day，Edison _____（wait）for a train to arrive，suddenly a little boy ran to the track（轨道）to play.

（4）—I called you last night.but you weren't in.

　　—Yes, I _____（work）at that time.

2.过去进行时的肯定句怎样变成否定句和一般疑问句？

请根据事实改正下列句子，或根据事实来回答。

（1）I was seeing a film at 8:00 last Saturday.

（2）My parents were watching TV yesterday morning.

（3）Were you playing basketball yesterday afternoon？

（4）Who is your best friend？ What was he /she doing last night？

3. When引导的时间状语指的是时间点还是时间段，或者两者都可以？when引导的时间状语从句中，动词是短暂性动词还是延续性动词？

下面的两句话分别表示什么意义？

（1）The teacher came in when we were talking.

（2）We were talking when the teacher came in.

4.While 引导的时间状语指的是时间点还是时间段？在while从句中，动词必须是短暂性动词还是延续性动词？while 引导的时间

状语从句常用什么时态？当主句和从句的动作同时发生时，从句常
用when还是while引导？

用所给词的适当形式填空。

（1）My mother was watching TV last night while my father
_____（read）a newspaper.

（2）While Alice _____（fall）, she was thinking about her cat.

（3）Mary was playing the piano when I _____（leave）yesterday.

（4）What were you doing when the accident _____（happen）?

（5）While we _____（laugh）loudly, the teacher came in.

5.根据你的理解，用思维导图梳理本节课所学内容。

四、自我检测

1. I _____ my breakfast at half past six yesterday morning.

　　A. am having　　B. was having　　C. had　　D. have

2. —Excuse me, did you see a girl in red pass by just now?

　　— Sorry, I _____ a newspaper.

　　A. am reading　　B. read　　C. reads　　D. was reading

3. The boys _____ over her lessons from six to seven last night.

　　A. go　　B. went　　C. are going　　D. were going

4. — What were you doing at that time?

　　— We _____ TV.

　　A. were watching　　B. are watching

　　C. watched　　D. watch

5. — Was your father at home yesterday evening?

— Yes, he was. He _____ to the radio.

A. were listening   B. was listening

C. are listening   D. is listening

6. I _____ cooked a meal last night when you _____ me.

A. cooked   were ringing   B was cooking   rang

C. was cooking   were ringing   D. cooked   rang

7.While she _____ TV, she _____ a sound outside the room.

A. was watching   was hearing   B. watched   was hearing

C. watched   heard   D. was watching   heard

9. It was Friday evening. Mr and Mrs. Green _____ ready to fly to England.

A. are getting   B. get   C. were getting   D got

10. He _____ his father on the farm the whole afternoon last Saturday.

A. helps   B. would help   C. was helping   D. is helping

11. It was a warm morning, an old man was sitting by the river and _____

A. fish   B. was fishing   C. fishing   D. fished

12. While _____ his bike, the boy was listening to music. That's too dangerous.

A. riding   B. was riding   C. rode   D. rides

五、评价与反思

1.对照学习目标，评价是否都已达成，若未达成，请再次观看视频。

目标1□　　目标2□　　目标3□　　目标4□　　目标5□

2.提炼自己的"亮、考、帮"

★ 亮闪闪（把比较精彩的、让你受触动的知识或思想，用一两句话表达出来）

考考你（自己理解不错的知识，用问题的形式提出来，去考同学）

帮帮我（感觉疑惑的内容，以问题的方式表达出来，向同学请教）

课堂活动任务单

一、达成目标

1.能在小组讨论中展示自己所学，解决自学疑惑。

2.能在真实的语境中用过去进行时表达意义。

3.能在具体的语境中辨析一般过去时和过去进行时。

4.能运用过去进行时进行创造性的表达。

二、小组讨论

小组成员各自说出"亮、考、帮"的内容，提炼小组内的"亮、考、帮"，教师抽查小组"亮、考、帮"的内容，并结合课前检测的结果进行解疑答惑。

三、同伴练习

1. 和你的同伴谈论一下上周六不同的时间段里你正在干什么。

A：I was doing my Chinese homework at 8:00 in the morning, what about you?

B：I was......

2. 用 when或者while, 和你的同伴谈论一下昨天当你上学离开家或者放学回到家时你的家人正在做什么。

A：What were you doing when you left home yesterday?

B：When I left home yesterday, my mother was......

A：I was......

3. 用所给词的适当形式填空。

Alice was sitting with her sister by the river. Her sister（1）____（read）a book, Alice had nothing to do. Suddenly a white rabbit with pink eyes（2）____（run）by. The rabbit took a watch out of its pocket and looked at it. It was strange. Alice（3）____（get）up and ran across the field after it. She（4）____（see）it go down a large rabbit hole in the ground. Then Alice went down after it. She found that she（5）____（fall）down a very deep hole. It was too dark for her to see anything. She was falling for a long time. While she was falling, she（6）____（think）her cat. Suddenly she（7）____（land）on some dry leaves.

四、测试（略）

五、探究活动

假设你是一位处理下面的交通事故的警察，事后询问司机、男孩和一个目击证人关于事故的细节问题。阅读文章后，和你的同伴完成采访过程：

This morning I saw a road accident. A boy was riding his bike and listening to music on the road. While the lights were changing to red, a car suddenly appeared round the corner. It was not going fast, but the driver was talking on his mobile phone and he didn't see the boy. The boy didn't see the car either. Luckily, the car didn't hit the boy. However, the boy fell off the bike and his bike was broken. Someone called 120 and the police. A few minutes later, a policeman came and the boy was sent to hospital.

Policeman: What were you doing when the accident happened?

The driver: ......

Policeman: What did you do then?

......

Policeman: Boy, are you OK now?

Boy: Yes, thank you.

Policeman: Do you remember what was happening to you?

Boy : ......

Policeman: Excuse me, what were you doing when the accident happened?

The witness: ......

六、收获与困惑

1.我学了什么？闭上眼睛回忆一下，线上线下你学了什么，然后简要地写一写你想到的内容；如果不记得了，翻一翻任务单上的内容。

2.我学到了什么？在独立学习的过程中，以及老师和同学们交流的过程中，你印象最深的是什么？哪句话或者哪个知识点的理解思路和你的思路不一样，触动了你？你有什么收获，用一两句话谈谈。

3.我还想学什么？本课的内容可能引发你对某个话题进一步了解或探究的兴趣，或者从某一方面触动你的灵感，请把它写下来，和同学们分享一下。

第九节　现在完成时（一）

课前自主学习任务单

一、达成目标

1.能说出现在完成时表示的意义及其语法构成。

2.能举例说明动词的过去分词的变化规则，以及常用的动词的过去分词。

3.能把现在完成时的肯定句变成否定句、一般疑问句和特殊疑问句等句型。

4.能阐释和现在完成时常用的几个副词already、yet、ever、never、just和before的用法。

5.能说出have/has been to 和 have /has gone to 的意义，并能区分其用法。

6.能根据自己的理解，对本节课所学内容进行简单的梳理。

二、学习方法

自主观看微课，书面完成学习任务，独立进行自我检测，并进行自我反思和评价。

三、学习任务

1.现在完成时的意义是什么？现在完成时句子中的谓语动词的基本结构"have+过去分词"和"has+过去分词"分别用于什么情况下？

用have或has完成下列句子，并体会该句所表达的意义。

（1）I ____ seen the film. I don't want to see it again.

（2）Tom ____ finished his homework, he can go out to play.

（3）My parents ____ been to Beijing many times.

（4）My brother ____ lost his pen, he can't find it everywhere.

（5）I ____ had a cold and I'm not feeling very well now.

2.动词的过去分词的变化规则和动词的过去式的变化有什么异同之处？

请写出至少10个动词的过去式和过去分词。

3.现在完成时态的肯定句怎样变成否定句和一般疑问句？

按要求改写下列句子。

（1）They have given concerts all over the country.（改成一般疑问句并肯定回答）_____

（2）My aunt has travelled around the world.（同上）

_____

（3）I have bought a new bike.（改成否定句）

_____

4. already、yet、ever、never、just和before常用在现在完成时的什么句型中？它们在句中的位置是怎样的呢？

请用 already、yet、ever、never、just和before填空。

（1）I have _____ come back from Beijing. It's a beautiful city.

（2）—Have you _____ travelled to Beijing?

—Yes, I have been there twice.

（3）I don't know the man. I have _____ met him before.

（4）— Have you seen the film _____ ?

— Yes, I have _____ seen it.

5. have been to / have gone to/ have been in表示什么意义？

用have been to、have gone to和have been in填空。

（1）— Where is your father? I want to ask him for help.

— He isn't in and he _____ Beijing.

（2）— _____ you ever _____ America?

— No. I haven't.

（3）Two astronauts _____ to the space station and they will work there for two months.

（4）I _____ the science Museum in London twice. I found it very interesting.

6. 根据自己的理解，用思维导图梳理本课所学知识。

四、自我检测

1. ——Where is your father?

　——He isn't at home and he _____ Shanghai.

　　A. have gone to　　　　B. have been to

　　C. has gone to　　　　D. has been to

2. The girl is the cleverest girl that I _____ ever _____ .

　　A. have seen　B. has seen　C. did see　D. did saw

3. Have you met Mr Li _____ ?

　　A. just　　B. already　　C.before　　D. never

4. ——What do you think of the movie *The Wandering Earth*?

　——I _____ it yet.

　　A.see　　B.don't see　　C. have seen　　D. haven't seen

5. —— _____ David _____ your homework yet?

　——Not yet.

　　A. Has　　finish　　　B.Has　　finished

　　C. Have　　finish　　　D. Have　　finished

6. Jane _____ her homework. Her parents are angry with her.

　　A. has finished　　　　B. have finished

C. hasn't finished   D. haven't finished

7. — Have you returned the book _____?

— Yes, I've _____ returned it.

A. already   already   B. yet   yet

C. yet   just   D. just   already

8. — Hey, Helen! Have you ever been to the Palace Museum?

— I've been there twice.

　　A. Yes, I do   B. No, I don't

　　C. Yes, I have   D. No, I haven't

9. —What are you looking for?

— My cell phone. It ___ here just now but now it's _____.

A has been   gone   B. was   gone

C. is   gone   D. was   went

10. Great changes ___ in my hometown in the past few years.

　　A. have taken place   B. take place

　　C. have happened   D. happened

五、评价与反思

1.对照学习目标，评价是否都已达成，若未达成，请再次观看视频。

目标1□   目标2□   目标3□   目标4□   目标5□

2.提炼自己的"亮、考、帮"

★ 亮闪闪（把比较精彩的、让你受触动的知识或思想，用一两句话表达出来）

考考你（自己理解不错的知识，用问题的形式提出来，去考同学）

帮帮我（感觉疑惑的内容，以问题的方式表达出来，向同学请教）

课堂活动任务单

一、达成目标

1.能在小组讨论中展示自己所学，解决自学疑惑。

2.能在具体的语境中辨析现在完成时和其他时态。

3.能运用现在完成时或其他时态在具体语境中进行正确的表达。

二、小组讨论

小组成员各自说出"亮、考、帮"的内容，提炼小组内的"亮、考、帮"，教师抽查小组"亮、考、帮"的内容，并结合课前检测的结果进行解疑答惑。

三、同伴练习

（一）用所给词的适当形式填空

1. I _____ already _____（see）the film. I _____（see）it last week.

2. My father _____ just _____（come）back from work. He is tired now.

3. Where's Li Ming?   He _____（go）to the teacher's office.

4. — _____ you _____（see）this film?

 — Yes，I have.

 — When _____ you _____（see）it?

 — Last year.

5. — _____ Tom _____（find）his lost watch?

 —Yes，he has.

 —Where _____ he _____（find）it?

 — He found it at school.

6. This is the first time that she _____（travel）in China and she is excited about that.

7. We _____（learn）more than 1,500 new words so far.

8. — John，_____ you _____（return）my dictionary yet?

 — Not yet. Don't worry. I _____ return it soon.

9. — John，_____ you _____（write）a letter to your aunt?

 — Yes, I have. I _____（write）one two days ago.

10. Tony _____（break）his leg and he need to lie in bed for two months.

11. In the last five years, Cao _____（walk）through 34 countries in six continents, and in 2016, he _____（reach）the top of Kilimanjaro, Africa's highest mountain.

（二）根据短文内容，用所给词的正确形式填空

Peter Robinson is an engineer，He1. _____（work）for a

company with many offices in many countries. It 2. _____（send）
Peter to work in Germany, France and China before. Two years ago,
it 3. _____（send）Peter to work in Cairo, one of the biggest and
busiest cities in Egypt. His family 4. _____（move）with him.

Peter has a fifteen-year-old son Mike and a fourteen-year-
old daughter Clare. Peter 5. _____（take）his children to visit many
interesting places since they came to Cairo. They have seen the
pyramids and they 6. _____（travel）on a boat on the Nile River and
they also have visited the palaces and towers of ancient kings and
queens. His children 7. _____ already _____（begin）to learn Arabic
and they find it difficult to learn this language but they still enjoy
learning it. So far they 8. _____（learn）many languages and it is fun
to mix them together when they talk with each other.

The Robinsons 9. _____（go）back to the US soon. How happy
they are about this! They are counting down the days. They10. _____
（look）forward to meeting their friends in the US.

四、测试（略）

五、合作探究

丁丁因为一艘古老的船模，开始了一次历险。这艘被命名为独
角兽号的模型船，隐藏着一个海盗和财宝的故事。为了解开这个古
老的秘密，丁丁和白雪一起不断寻找线索，寻找真相。

阅读The Adventures of Tintin的电影片段，完成任务。

任务1. 根据汉语提示完成英文台词内容。

任务2. 观看电影片段，对电影片段进行配音，并以小组为单位进行展示。

任务3. 用现在完成时创作一个小片段，片段内容可以来自自己的真实生活，也可以虚构。

任务4. 观看电影 *The Adventures of Tintin*，给同学们讲一讲丁丁的冒险经历吧！（选做）

1. —— I have to say, your face is familiar. _____（我以前画过你吗）？

—— Occasionally.

—— Of course! _____

（我在报纸上见过你）

You're a reporter?

—— I'm a journalist.

2. —Snowy! _____（他跑哪去了）？

Snowy! _____（你去哪了）？

Chasing cats again?

3. —What is it about this ship?

_____

（为什么这么多人关注它）？

What secrets do you hold?

4. — Well done, Snowy! Good boy.

Well, well, well._____

（我们好像抓到贼了）.

5. — _____

（你还查到了些什么）?

— What is there to find?

—That depends what you're looking for.

6. — The pickpocket, Tintin!

He's getting away!

— My wallet! _____（不见了）.

Come on! Snowy, after him!

7. — Well, check that pocket, Tom.

— No,_____

（我已经搜过了这只口袋了）,

I'm sure of it.

—Well, have a look in his socks.

— _____（找到了吗）?

— He doesn't have it.

8. —Barnacles（该死）!

_____

（有人把门锁上了）.

—Well, is there a key?

—A key?

9. —_____（你疯了）?

Quick, Captain, help me!

Captain, help me, quick!

—He's right. _____

（我都做了什么）?

—No, Captain, not that!

10. —How do you know?

—_____

（因为我曾在这片水域航游了无数次）.

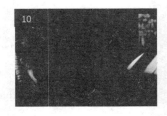

六、收获与困惑

1.我学了什么？闭上眼睛回忆一下，线上线下你学了什么，然后简要地写一写你想到的内容；如果不记得了，翻一翻任务单上的内容。

2.我学到了什么？在独立学习的过程中，以及老师和同学们交流的过程中，你印象最深的是什么？哪句话或者哪个知识点的理解思路和你的思路不一样，触动了你？你有什么收获，用一两句话谈谈。

3.我还想学什么？本课的内容可能引发你对某个话题进一步了解或探究的兴趣，或者从某一方面触动你的灵感，请把它写下来，和同学们分享一下。

第十节　现在完成时（二）

课前自主学习任务单

一、达成目标

1.能举例说明现在完成时（二）的意义。

2.能在具体的语境中辨析运用for和since.

3.能举例说明哪些词是延续性动词，哪些词是短暂性动词，并能在具体语境中应用。

4.能根据自己的理解，对现在完成时的用法进行梳理。

二、学习方法

自主观看微课，书面完成学习任务，独立进行自我检测，并进行自我反思和评价。

三、学习任务

1.现在完成时（二）的意义是什么？"I have lived here for two years"表示什么意义？

2.在本用法中，for后的时间有什么特点？ since后的时间有什么特点？since 引导的从句常采用什么时态？For和since可以进行转换吗？for 和since 引导的时间状语，可以用来回答哪个疑问词的提问？

用for和since填空。

（1）How long have you learned English?

I have learned English ＿＿＿＿ six years.

I have learned English ＿＿＿＿ six years ago.

I have learned English ＿＿＿＿ I was nine years old.

（2）How long has the old man lived here?

The old man has lived here ＿＿＿＿ one year.

The old man has lived here ＿＿＿＿ last year.

The old man has lived here ＿＿＿＿ one year ago.

The old man has lived here ＿＿＿＿ 2021.

（3）How long has Mrs Smith taught us?

Mrs Smith has taught us ＿＿＿＿ she moved here.

Mrs Smith has taught us ＿＿＿＿ more than two months.

3.为什么本用法中的动词常用延续性动词，不能用短暂性动词？ 什么是短暂性动词？ 什么是延续性动词？

你知道哪些常用的短暂性动词？ 请把它及其对应的延续性动词写下来。

根据汉语提示完成句子。

（1）他的爷爷去世三年了。

His grandfather ＿＿＿＿ for three years.（die or be dead?）

（2）我的哥哥自从16岁就离开家乡。

My brother ＿＿＿＿ our hometown since he was 16 years old.

（leave or be away from?）

（3）这俩车我去年就买了。

I _____ the car since since last year.（buy or have？）

4. 根据自己的理解，用思维导图梳理本课所学知识。

四、自我检测

1. His grandfather has been dead _____ three years.

    A. for   B. in   C. since   D. ago

2. We have lived here _____ 1998.

    A. for   B. since   C. in   D. before

3. My brother has been away from our hometown since he

    _____ 16 years old.

    A. is   B. was   C. has been   D. will be

4. It is five years _____ he left school.

    A. for   B. since   C. in   D. before

5. — _____ have you had your new bike?

    — Since last January.

    A. How soon   B. How often

    C. How long   D. How many

6. Mr. Smith _____ in China for 8 years.

    A. has lived   B. lived   C. have been   D. Live

7. They _____ each other since they were young.

    A. have known   B. known   C. knew   D. know

8. It is ten years since I _____ her last time.

    A. see   B. have seen   C. say   D. to see

9. — How long have you _____ this book?

—For two days.

    A. borrowed   B. borrow   C. keep   D. kept

10. I＿＿＿ Sally in April and I haven't seen her since then.

    A. meet   B. have met   C. met   D. have meet

五、评价与反思

1.对照学习目标，评价是否都已达成，若未达成，请再次观看视频。

目标1□   目标2□   目标3□   目标4□   目标5□

2.提炼自己的"亮、考、帮"。

★ 亮闪闪（把比较精彩的、让你受触动的知识或思想，用一两句话表达出来）

考考你（自己理解不错的知识，用问题的形式提出来，去考同学）

帮帮我（感觉疑惑的内容，以问题的方式表达出来，向同学请教）

课堂活动任务单

一、达成目标

1.能在小组讨论中展示自己所学，解决自学疑惑。

2.能在真实的语境中利用现在完成时进行交际。

3.能用现在完成时进行创造性的表达。

4.能对同伴的书面表达进行评价。

二、小组讨论

小组成员各自说出"亮、考、帮"的内容，提炼小组内的"亮、考、帮"，教师抽查小组"亮、考、帮"的内容，并结合课前检测的结果进行解疑答惑。

三、同伴练习

根据事实回答下列问题

1. How long have you learned English?

2. How many new words have you learned so far?

3. Where do you live?　How long have you lived here?

4. How long has your school been open?

5. How long have you been in your school /your class?

6. Who is you best friend?　How long have you been friends?

7. Do you have a bike?　How long have you had it?

8. Who is your English teacher?　How long has he/she taught you?

9. What does your father do?　How long has he worked as that?

10.Where does your mother work?　How long has she worked there?

四、测试（略）

五、合作探究

书面表达：根据汉语提示，完成有关Betty经历的短文。

要求：

1.小组讨论哪一个句子需要用到现在完成时。

2.独立完成写作。

3.100 词左右。

我是个14岁的美国女孩，现在和父母在中国。我们在这里已经有两年了。我喜欢旅行。玲玲带我去参观了很多有趣的地方。我们爬上长城，因为我们想要成为真正的英雄；我们还去老舍茶馆喝茶，吃北京烤鸭，欣赏京剧。当然，我也开始学习汉语，我发现英语和汉语混合很有趣。北京烤鸭很好吃，但是筷子很难用。

六、收获与困惑

1.我学了什么？闭上眼睛回忆一下，线上线下你学了什么，然后简要地写一写你想到的内容；如果不记得了，翻一翻任务单上的内容。

2.我学到了什么？在独立学习的过程中，以及老师和同学们交流的过程中，你印象最深的是什么？哪句话或者哪个知识点的理解思路和你的思路不一样，触动了你？你有什么收获，用一两句话谈谈。

3.我还想学什么？本课的内容可能引发你对某个话题进一步了解或探究的兴趣，或者从某一方面触动你的灵感，请把它写下来，和同学们分享一下。

第十一节 一般过去时和一般将来时的被动语态

课前自主学习任务单

一、达成目标

1.能说出一般过去时和一般将来时被动语态的肯定句的基本构成。

2.能把被动语态的肯定句变成否定句和一般疑问句等常用句型。

3.能把一般过去时和一般将来时的主动句变成被动句。

4.能概述一般过去时和一般将来时被动语态的基本用法。

二、学习方法

自主观看微课，书面完成学习任务，独立进行自我检测，并进行自我反思和评价。

三、学习任务

1.被动语态的句子中谓语动词的基本构成是什么？其中的be动词有没有人称和时态的变化？什么是一般过去时，一般过去时被动语态的句子中谓语动词的构成是什么？什么是一般将来时，一般将来时被动语态的句子中谓语动词的构成是什么？

✎ 用所给动词的适当形式填空。

（1）I think the books ___（replace）by the Internet in the

future.

（2）In 1998, Liu Xiang's ability in hurdling _____（notice）by Sun Haiping.

（3）The Olympic Games _____（hold）in Beijing in 2008.

（4）The photos _____（put）up on the school website tomorrow.

2. 一般过去时的被动句的肯定句怎样变成否定句和一般疑问句？一般将来时的被动句的肯定句怎样变成否定句和一般疑问句？

✐ 根据要求改写句子。

（1）We are still influenced by Confucius's ideas.（改成一般疑问句，并根据事实回答）_____

（2）The story was written by Mark Twain in 1877.（改成否定句）

_____

（3）A new swimming pool will be built next year.（用when提问）

_____

（4）The information will be only kept on the computer.

（改为一般疑问句，并根据事实回答）_____

3. 主动句变成被动句时，怎样确定被动句的主语、谓语动词的形式和其他成分？

✐ 把下列主动句变成被动句，注意时态的一致性。

（1）The school will ask them to play in the sports meeting.

（2）His parents allowed him to train after class.

（3）The Internet will replace the books in the future.

（4）A farmer in Africa discovered coffee a long time ago.

4. 根据自己的理解，用思维导图或表格梳理本课所学知识。

六、自我检测

1. The People's Republic of China ____ on October 1, 1949.

    A. found   B. was founded   C. is founded   D. was found

2. Chinese ____ in many countries now.

    A. speaks   B. are spoken   C. is speaking   D. is spoken

3. It is said a new house ____ at the corner of the road next year.

    A. is building   B. will be built   C. is built   D. was built

4. The key ____ on the table when I leave.

    A. was left   B. will be left   C. is left   D. has been left

5. The sports meeting ____ until next week because of the heavy rain.

    A. didn't hold   B. won't be held

    C. isn't held   D. will held

6. — My shoes are worn out.

    — _____

    A. Can't they be mended?   B. Let me have a look at it.

    C. How much do they cost?   D. Can't they mended?

7. The workers ____ for long hours in the old days.

    A. were made to work   B. made work

    C. made to work   D. were made work

8. The students ____ to hand in their homework but they didn't finish it.

A. were asked　B. are asked　C. ask　D. asked

9. I will go to the party with you if I ＿＿ too.

A. am invited　B. will be invited　C. will invite　D. invite

10. In China, when the food ＿＿ , you should wait until you are invited to eat.

A. is served　B. serve　C. are served　D. will serve

五、评价与反思

1.对照学习目标，评价是否都已达成，若未达成，请再次观看视频。

目标1□　　目标2□　　目标3□　　目标4□　　目标5□

2.提炼自己的"亮、考、帮"。

✦ 亮闪闪（把比较精彩的、让你受触动的知识或思想，用一两句话表达出来）

✦ 考考你（自己理解不错的知识，用问题的形式提出来，去考同学）

✦ 帮帮我（感觉疑惑的内容，以问题的方式表达出来，向同学请教）

课堂活动任务单

一、达成目标

1.能在小组讨论中展示自己所学，解决自学疑惑。

2.能在真实的语境中利用一般过去时和一般将来时的被动语态进行交际。

3.能在具体的语境中辨析主动语态和被动语态。

4.能用被动语态进行表达，并能对同伴的表达进行评价。

二、小组讨论

小组成员各自说出"亮、考、帮"的内容，提炼小组内的"亮、考、帮"，教师抽查小组"亮、考、帮"的内容，并结合课前检测的结果进行解疑答惑。

三、同伴练习

（一）根据真实情况回答问题。

1. When was your last pair of shoes bought?

2. Are you allowed to watch TV if you don't finish your homework at weekends?

3. Where will the Olympic Games be held in 2028 ?

4. Will books be replaced by the Internet in the future?

5. What is a computer made up of?

6. Which language is widely spoken in the world?

7.How long can you be allowed to play computer games at weekends?

8. Do you know what is paper made from?

9. What are used to eat Western food?

10. When were you punished by your teacher, why?

（二）用所给词的适当形式填空。

Coffee has been a part of people's lives for thousands of years, and today is still a favourite drink of millions of people in the world. Coffee is so popular, but do you know the story of coffee and how it 1. _____ (discover)?

There is an old story that says coffee was discovered in Africa a long long time ago. One day, a farmer 2. _____ (watch) his goats, and he saw them eat some small berries（干种子）from a plant. After they 3. _____ (eat) the berries, the goats became very active. The man often felt tired, so he 4. _____ (decide) to try the berries too. Surprisingly, he did not feel tired any more. Coffee plants were thus discovered. Then coffee 5. _____ (take) from Africa to Arabia（阿拉伯半岛）, and there it was first used as medicine. The Arabs 6. _____ (keep) coffee a secret for many years. Later, coffee came to Turkey （土耳其）, then Italy, then France. From Europe, the coffee plant was taken to America. People7. _____ (find) that coffee plants grew well in many parts of South America, so large coffee farms were started, and many coffee plants 8. _____（grow）. On these farms, coffee beans were picked from the plants by hand. Then the beans 9. _____（dry）and prepared for market to sell. Different coffee beans were mixed（混合）together to produce different kinds of coffee. Coffee10. _____（send）to all over the world, and soon became very popular.

四、测试（略）

五、探究活动

书面表达：完成有关《西游记》的短文。

要求：

1.小组讨论哪一个句子需要用到被动语态。

2.独立完成写作。

3.80词左右。

我最喜欢的名著是《西游记》，它被认为是中国四大名著之一。《西游记》是由明朝的吴承恩写的。小说以唐朝为背景，讲述了经历了许多冒险的唐僧师徒四人的故事。我最喜欢的主人公是孙悟空，他聪明而勇敢，是勇气和智慧的象征。在去西方取经的路上，他们遇上许多妖怪。这些妖怪都想要吃唐僧肉，因为他们想要长生不老，但这些妖怪都被孙悟空打败了。这个故事被拍成电影、动画片和电视剧，每年寒暑假都会在电视上播出。各个年龄段的人都喜欢看这些故事，尤其是孩子们。

《西游记》是一部伟大的著作，我认为未来会有更多的人喜欢这本书。

六、收获与困惑

1.我学了什么？闭上眼睛回忆一下，线上线下你学了什么，然后简要地写一写你想到的内容；如果不记得了，翻一翻任务单上的内容。

2.我学到了什么？在独立学习的过程中，以及老师和同学们交流的过程中，你印象最深的是什么？哪句话或者哪个知识点的理解思路和你的思路不一样，触动了你？你有什么收获，用一两句话谈谈。

3.我还想学什么？本课的内容可能引发你对某个话题进一步了解或探究的兴趣，或者从某一方面触动你的灵感，请把它写下来，和同学们分享一下。

第十二节　一般疑问句和选择疑问句

自主学习任务单

一、达成目标

1.能说出一般疑问句的意义。

2.能举例说明一般疑问句的基本结构"动词+主语+其他部分"，

能把陈述句变成一般疑问句。

3.能对一般疑问句进行肯定回答和否定回答。

4.能在一般疑问句的基础上，举例说明选择疑问句的基本构成。

5.能根据自己的理解，对本节课所学内容进行简单的梳理。

二、学习方法

自主观看微课，书面完成学习任务，独立进行自我检测，并进行自我反思和评价。

三、学习任务

1.什么是疑问句？什么是一般疑问句？

2.陈述句变一般疑问句时，句中（谓语）动词是be动词或者谓语动词中有情态动词can、must、should，或助动词will、have、has等时，应该怎样把陈述句变成一般疑问句？句中的谓语动词是行为动词时，怎样把陈述句变成一般疑问句？

✐ 把下列肯定句变成一般疑问句：

（1）He is a teacher.

（2）Betty comes from America.

（3）My brother got up at seven yesterday.

（4）He has got two brothers.

（5）Mary can play the piano very well.

（6）There is some milk in the fridge.

（7）My parents go to work by car every day.

（8）My father will leave for Beijing tomorrow.

3.一般疑问句的肯定回答的基本结构"Yes，主语＋动词"和否定回答的基本结构"No，主语＋动词＋not"中，主语通常用什么词？There be 结构的主语通常用什么？动词经常重复一般疑问句的哪一部分？口语中"动词＋not"通常用缩略形式还是完全形式？

✎ 写出下面一般疑问句的肯定和否定答语。

（1）Is he a teacher?

（2）Does Betty come from America?

（3）Did your brother get up at seven yesterday?

（4）Has he got two brothers?

（5）Can Mary play the piano very well?

（6）Is there any milk in the fridge?

（7）Do your parents go to work by car every day?

4.什么是选择疑问句？其基本结构是什么？选择疑问句怎样回答？

✎ 用所给选项把下列句子变成选择疑问句。

（1）Mark Twain is from America（England）.

（2）I have a brother.（sister）.

（3）My best friend goes to school by bus every day（by car）.

（4）David got up at seven yesterday（at eight）.

（5）There is some milk in the fridge（juice）.

5.根据自己的理解，用思维导图或表格梳理本课所学知识。

七、自我检测

1. — _____ your mother a doctor?

— No，she isn't. She is a manager of a hotel.

　　A. Is.　　B. Does　　C. Are　　D. Do

2 — ____ Betty ____ playing football?

　　— No, she doesn't. She likes playing table tennis.

　　A. Do like　　　B. Does like

　　C. Do likes　　　D. Does likes

3. — ____ you come from America?

　　— No, I am from England.

　　A. Is.　　B. Does　　C. Are　　D. Do

4. —Are there any notebooks on the desk?

　　—Yes, ____ are.

　　A. they　　B. there　　C. these　　D. those

5. Did they ____ volleyball after school yesterday ?

　　A. play　　B. plays　　C. played　　D. playing

6. — Has little Tom got a brother?

　　—Yes, ____ .

　　A. Tom has　　B. he does　　C. he hasn't　　D. he has

7. —Did you use to have short hair?

　　— ____ . But now I have long hair.

　　　A. Yes, I do　　B. No, I don't

　　　C. Yes, I did　　D. No, I didn't

8. —Will you go to England or Australia for your holiday next week?

　　— ____ , I went to England last year. I want to a different

place this year.

    A. Yes, I will   B. No, I won't

    C. England   D. Australia

9. — Would you like some soup?

   — _____ . I'm full.

    A. Yes, please   B. No, thanks

    C. Yes, I would   D. No, I wouldn't

10. — Do you like tea or juice?

    — _____ . I don't like tea at all.

    A. Yes, I do   B. No, I don't   C. Tea   D. Juice

五、评价与反思

1.对照学习目标，评价是否都已达成，若未达成，请再次观看视频。

    目标1□   目标2□   目标3□   目标4□   目标5□

2.提炼自己的"亮、考、帮"。

★ 亮闪闪（把比较精彩的、让你受触动的知识或思想，用一两句话表达出来）

考考你（自己理解不错的知识，用问题的形式提出来，去考同学）

帮帮我（感觉疑惑的内容，以问题的方式表达出来，向同学请教）

课堂活动任务单

一、达成目标

1.能在小组讨论中展示自己所学，解决自学疑惑。

2.能根据要求把陈述句转换一般疑问句或者选择疑问句。

3.能在真实的语境中运用一般疑问句进行表达。

二、小组讨论

小组成员各自说出"亮、考、帮"的内容，提炼小组内的"亮、考、帮"，教师抽查小组"亮、考、帮"的内容，并结合课前检测的结果进行解疑答惑。

三、同伴练习

句型转换

1. We can see some trees on the hill.（变成一般疑问句，并进行肯定回答）_____

2. Little Mary often does homework after school.（变成一般疑问句，并进行否定回答）._____

3. I would like to play football this afternoon.（变成一般疑问句，并进行肯定回答）_____

4. Tomorrow is sunny.（用cloudy改成选择疑问句）

_____

5. My brother works in a library.（变成一般疑问句，并进行否定回答）_____

6. Betty and Tony are doing their homework now.（用watch TV 改成选择疑问句）_____

7. There will be a new building in my school next year.（变成一般疑问句，并进行否定回答）_____

8. The spring and summer came to the Giant's garden.（变成否定句）_____

9. The Smiths have been in China for two years.（用three years 改成选择疑问句）

10. The Giant is a selfish man.（变成一般疑问句，并进行否定回答）_____

四、测试（略）

五、合作探究

辛巴的父亲木法沙是一个威严的国王。叔叔刀疤却对木法沙的王位觊觎已久。要想坐上王位，刀疤必须除去小王子，于是……

阅读The Lion King的电影片段，完成任务。

任务1. 根据汉语提示完成英文台词内容。

任务2. 观看电影片段，对电影片段进行配音，并以小组为单位进行展示。

任务3. 观看电影The Lion King，给同学们讲一讲辛巴是怎样夺回本属于他的王位的。（选做）

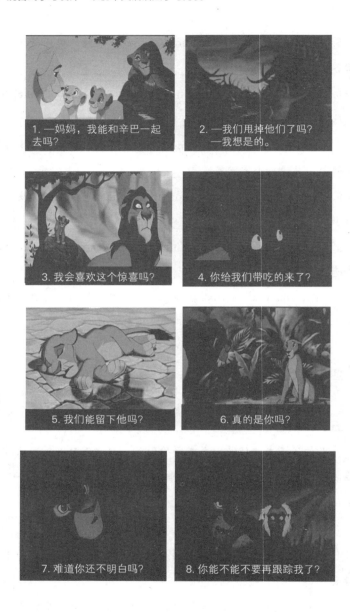

1. —妈妈，我能和辛巴一起去吗？

2. —我们甩掉他们了吗？
—我想是的。

3. 我会喜欢这个惊喜吗？

4. 你给我们带吃的来了？

5. 我们能留下他吗？

6. 真的是你吗？

7. 难道你还不明白吗？

8. 你能不能不要再跟踪我了？

9. 你们看到辛巴了吗?

10. 你能否认吗?

1. —— Mom, _____（我能和辛巴一起去吗）?

—— Hmm, what do you think, Sarabi?

2. —— _____（我们甩掉他们了吗）?

—— I think so.

3. —— Uncle Scar, _____（我会喜欢这个惊喜吗）?

—— Simba, it's to die for.

4. _____（你给我们带什么吃的来了吗）? Scar, old buddy?

5. —— _____（我们能把他留下来吗）?

—— Pumbaa, _____（你疯了吗）? You're talking about a lion.

6. —— Nala? _____（真的是你吗）?

—— Who are you?

—— It's me...... Simba.

7. ......and I found you. _____（难道你还不明白吗）? You're our only hope.

8. —— Sorry. _____（你能不能不要再跟踪我了）? Who are you?

— The question is，who are you?

9. — _____（你们有没有看到辛巴）?

— I thought he was with you.

10. — It's your fault he's dead! _____（你能否认吗）?

— No.

六、收获与困惑

1.我学了什么？闭上眼睛回忆一下，线上线下你学了什么，然后简要地写一写你想到的内容；如果不记得了，翻一翻任务单上的内容。

2.我学到了什么？在独立学习的过程中，以及老师和同学们交流的过程中，你印象最深的是什么？哪句话或者哪个知识点的理解思路和你的思路不一样，触动了你？你有什么收获，用一两句话谈谈。

3.我还想学什么？本课的内容可能引发你对某个话题进一步了解或探究的兴趣，或者从某一方面触动你的灵感，请把它写下来，和同学们分享一下。

第十三节 宾语从句

课前自主学习任务单

一、达成目标

1.能举例说明什么是宾语从句。

2.能确定各种类型的句子做宾语从句时的引导词。

3.能根据需要调整宾语从句的语序为陈述语序。

4.能根据需要调整宾语从句的时态。

5.能总结合并含有宾语从句的复合句的步骤。

6.能用思维导图对本节课所学进行梳理。

二、学习方法

自主观看微课，书面完成学习任务，独立进行自我检测，并进行自我反思和评价。

三、学习任务

1.什么是复合句？什么是宾语从句？在复合句中，宾语从句常用在什么词之后？

✐ 判断下列复合句中的从句是否为宾语从句。

（1）I want to be a doctor when I grow up.

（2）I don't think he will come to my party.

（3）I have found out that all the tickets for the concert have been sold out.

（4）Make sure that there are no mistakes in your papers.

（5）I am afraid it is going to rain tomorrow.

（6）Everything depends on whether we have enough money.

2.陈述句做宾语从句时，引导词是什么？一般疑问句做宾语从句时，引导词是什么？特殊疑问句做宾语从句时，引导词是什么？

✐ 写出把下面的句子合并成为含有宾语从句的复合句需用的引导词。

题号	主句	引导词	从句
(1)	I know		Tom is a doctor.
(2)	I want to know		Is Lucy from America?
(3)	She asks		How does your father usually go to school?
(4)	Tom says		Tony didn't watch TV last night.
(5)	Can you tell me		Where will your father go?
(6)	I think		The earth turns around the sun.
(7)	Let me tell you		What were they doing at this time yesterday.
(8)	I wonder		Do pandas eat meat?
(9)	Do you know		Will it be sunny tomorrow?
(10)	We know		How long have you been in Beijing?

3.怎样把宾语从句的疑问语序调整成陈述语序？

✐ 把上面的句子合并成为含有宾语从句的复合句。

（1）_____

（2）_____

（3）_____

（4）_____

（5）_____

（6）_____

（7）_____

（8）_____

（9）_____

（10）_____

4.当主句为一般现在时，从句可以采用什么时态？当主句是一般过去时，从句要用过去的时态，什么时态是过去的时态？如果从句不是过去的时态，应该怎么办？当从句描述的是客观事实、普遍真理时，一般采用什么时态？

✎　判断下列哪个时态是过去的时态。

一般现在时（do /does）	一般过去时（did）
现在进行时 am/is/are +doing	过去进行时（was/were doing ）
一般将来时　will do	过去将来时（would do ）
现在完成时 have /has done	过去完成时（had done）

5.合并含有宾语从句的复合句，第一步是先确定宾语从句的引导词；第二步是若有必要，调整宾语从句的时态；第三步是什么？

✎　把下列简单句改成含有宾语从句的复合句，注意从句的引导词、时态和语序。

（1）Tom is a doctor.

I knew _____ .

（2）Is Lucy from America?

I wanted to know _____ .

（3）How does the man usually go to school?

She asked _____ .

（4）John didn't watch TV last night.

Tom says _____ .

（5）When will David leave for Beijing?

She asked _____ .

（6）The earth turns around the sun.

The teacher told us _____ .

（7）What were they doing at this time yesterday?

Let me tell you _____ .

6.根据自己的理解，用思维导图梳理本课所学知识。

四、自我检测（缺乏引导词的选择）

1. I don't know _____ the day after tomorrow.

   A. when does he come   B. how will he come

   C. if he comes   D. whether he'll come

2. Could you tell me _____ the radio without any help?

   A. how did he mend   B. what did he mend

   C. how he mended   D. what he mended

3. — I wonder _____ she is looking after.

   — She is looking after her little brother.

   A.who   B. what   C. how   D. if

4. Do you know where _____ now?

   A. he lives   B. does he live   C. he lived   D.did he live

5. Could you tell me _____ ?

A. when will they leave for Beijing

B. when would they leave for Beijing

C. when they will leave for Beijing

D. when did they leave for Beijing

6. I can't understand _____ .

A. what does Christmas mean　　B. what Christmas does mean

C. what mean Christmas does　　D. what Christmas mean

7. Tom said that he _____ to Guangzhou.

A. has never gone　　B. had never gone

C. has never been　　D. had never been

8. She asked Linda if _____ go and get some.

A. could she　　B. she could　　C. she can　　D. she may

9. Linda said the moon _____ round the earth.

A. traveled　　B. has traveled　　C. Travels　　D. had traveled

10. She asked me if I knew _____ .

A. whose pen is it　　B. whose pen it was

C. whose pen it is　　D. whose pen was it

11. Where do you think _____ ?

A. does he come　　B. he come　　C. he comes　　D. will he come

12. I don't know if it _____ . If it _____ , I won't go out.

A. rains rains　　B. will rain rains

C. rains will rain　　D. will rain rain

五、评价与反思

1.对照学习目标，评价是否都已达成，若未达成，请再次观看视频。

目标1□　　　目标2□　　　目标3□　　　目标4□　　　目标5□

目标6□

2.提炼自己的"亮、考、帮"。

★ 亮闪闪（把比较精彩的、让你受触动的知识或思想，用一两句话表达出来）

🖌 考考你（自己理解不错的知识，用问题的形式提出来，去考同学）

🖊 帮帮我（感觉疑惑的内容，以问题的方式表达出来，向同学请教）

课堂活动任务单

一、达成目标

1.能在小组讨论中展示自己所学，解决自学疑惑。

2.能用宾语从句转述自己所知道的信息，在与他人的交流中正确使用宾语从句。

3.能用宾语从句创编歌词，并选取其中的一部分进行演唱。

二、小组讨论

小组成员各自说出"亮、考、帮"的内容，提炼小组内的"亮、考、帮"，教师抽查小组"亮、考、帮"的内容，并结合课前检测的结果进行解疑答惑。

三、同伴练习

（一）根据短文内容，选择合适的句子完成短文。

Sam：Hi, Tom! Come in, please.

Tom：Hi! What are you doing?

Sam：I'm looking for information about Sydney on the Internet. I'm going to Sydney for my holiday.

Tom：Have you ever been there before?

Sam：No, but my father has been there twice. He told me there were many places of interest there.

Tom：When are you leaving?

Sam：I'm leaving at 9 a.m. on Friday, July 27.

Tom：Will you get there by plane?

Sam：Of course.

Tom：Have you ever flown in a plane?

Sam：No, never.

Tom：You must be excited when you fly in a plane.

Sam：Really, I can't wait for it.

1. What does Tom ask Sam when he came into the room?

He asks Sam _____ .

2. Do you know where Sam is going for his holiday?

I know _____ .

3. What question does Tom ask Sam next?

He asks Sam _____ .

4. What did Sam's father told him about Sydney?

His father told him _____ .

5. When is Sam leaving for Sydney?

Sam says _____ .

6. What question does Tom ask Sam then?

He asks Sam _____ .

7. What question does Tom ask Sam at last?

He asks Sam _____ .

8. What does Sam say about flying in a plane?

Sam says _____ .

四、测试（略）

五、合作探究

歌曲串烧：写出下列英语歌曲中的宾语从句

I believe I can fly

l used to think 1. _____ .

我原以为我无法坚持（go on）下去

And life was nothing but an awful song

生命不过是首忧郁的歌

But now I know the meaning of true love

现在我明白了真爱的含义

I'm leaning on the everlasting arms

找到了可以永久依靠的臂膀

If l can see it, then l can do it

只要我能看见希望，我就能成功

If l just believe it

如果我相信我能行

There's nothing to it

那就没有什么不可以

I believe 2. _____

我相信我能飞翔

I believe 3. _____

我相信我能触到天空

I think about it every night and day

日日夜夜，我想象这一幕

Spread my wings then fly away

展翅高飞

As long as as you love me

I can't get you out of my head

我就是无法忘了你

Don't care what is written in your history

我不在乎你过去的种种

As long as you're here with me

只要你陪在我身边

I don't care 4. _____

我不在乎你是怎样的人（你是谁）

5. _____

你从哪里来

6. _____

你做过什么

As long as you love me

只要你爱我

Only time

Who can say where the road goes

谁能说出，道路伸向何方

Where the day flows

岁月流逝何处

Only time

唯有时光

And who can say 7. _____

又有谁能说出是否爱在成长

As your heart chose

如心之所愿

Only time

唯有时光

Who can say why your heart sighs

谁能说出，你的心何以叹息

As your love flies

当爱已飞走

Only time

唯有时光

And who can say8. _____

又有谁能说出，你的心为何哭泣

When your love dies

当你的爱死去

Only time

唯有时光

Who can say 9. _____

谁能说出何时道路在此汇聚

That love might be

这可能是爱

In your heart

在你的心里

And who can say when the day sleeps

又有谁能说出何时白昼将睡去

10. _____

是否黑夜全部占据你的心

Night keeps all your heart

夜晚全部占据你的心

Who can say if your love grows

谁可以说是否你的爱已成长

As your heart chose

如心之所愿

Only time

唯有时光

And who can say where the road goes

谁又能说出路将延伸至何方

Where the day flows

时光流逝至何处

Only time

唯有时光

六、收获与困惑

1.我学了什么？闭上眼睛回忆一下，线上线下你学了什么，然后简要地写一写你想到的内容；如果不记得了，翻一翻任务单上的内容。

2.我学到了什么？在独立学习的过程中，以及老师和同学们交流的过程中，你印象最深的是什么？哪句话或者哪个知识点的理解思路和你的思路不一样，触动了你？你有什么收获，用一两句话谈谈。

3.我还想学什么？本课的内容可能引发你对某个话题进一步了解或探究的兴趣，或者从某一方面触动你的灵感，请把它写下来，和同学们分享一下。

参考文献

[1] 曹殿波. 混合式教学理论与实践[Z/OL].北京：中国大学 MOOC.

[2] 程晓堂. 新视角英语语法[M].北京：外语与教学研究出版社，2021.

[3] 陈琳，鲁子问等. 英语教师用书[M].北京：外语教学与研究出版社，2012.

[4] 陈力. 基础教育英语语法教学价值分析[J].课程·教材·教法，2011（3）.

[5] 顾小清.以学生为中心的学习环境设计[Z/OL].北京：中国大学 MOOC.

[6] 何聚厚.“互联网＋”教学设计与实践[Z/OL].北京：中国大学 MOOC.

[7] 何克抗.从Blending Leaming上看教育技术理论的新发展（上）[J].中国电化教育，2003（03）.

[8] 黄丽燕. 如何进行英语教学评价[Z/OL].北京：中国大学 MOOC.

[9] 金陵. 翻转课堂与微课程教学法[M].北京师范大学出版社，

2015.

[10] 焦建利. 英语教学与互联网[Z/OL]. 北京：中国大学MOOC.

[11] 刘徽. 走向深度的合作学习[Z/OL]. 北京：中国大学MOOC.

[12] 黎加厚，鲍贤清. 现代教育极简技术[M]. 北京：北京师范大学
出版社，2020.

[13] 马九克. 创建高效信息化课堂[M]. 上海：华东师范大学出版
社，2020.

[14] 戚世梁. 玩转以学生为中心的教学[Z/OL]. 北京：中国大学
MOOC.

[15] 孙亚玲. 有效教学[Z/OL]. 北京：中国大学MOOC.

[16] 汪琼. 改进合作学习[Z/OL]. 北京：中国大学MOOC.

[17] 汪琼. 翻转课堂教学法[Z/OL]. 北京：中国大学MOOC.

[18] 汪琼. 混合教学成功要点[Z/OL]. 北京：中国大学MOOC.

[19] 闫寒冰. 信息化教学设计与实践[M]. 上海：华东师范大学出版
社，2020.

[20] 杨上影. 微课设计与制作[M]. 北京：高等教育出版社，2017.

[21] 杨上影. 微课设计与制作[Z/OL]. 北京：中国大学MOOC.

[22] 张学新. 对分课堂：中国教育的新智慧[M]. 北京：科学出版
社，2019.

[23] Robert E. Slavin. 吕红梅，姚梅林等译.教育心理学：理论与实
践（第10版），人民邮电出版社，2016.